当校长遇见德鲁克

When the headmasters meet up with Drucker

冰山下的领导力

Leadership under the iceberg

[美]杜绍基　彭信之_著

中国人民大学出版社
· 北京 ·

祝贺《当校长遇见德鲁克：冰山下的领导力》出版并取得成功！

相信此书能在中国启发许多聪明而有深度的读者。我钦佩两位作者的使命，以你们的学养与家父德鲁克的智慧相结合，将对中国机构和企业的治理产生深远影响。

教育是通往未来幸福之路的钥匙，尤其是在人类面临如此众多巨大问题的情况下。我谨致以最诚挚的祝福。

——德鲁克女儿　塞西莉·德鲁克（*Cecily Drucker*）

目录

第三章 变革的引导者

中篇 学校的管理

第四章 学校发展战略规划

第五章 学校创新的DNA

第六章 目标管理与自我控制

下篇 人的管理

第七章 知识工作者的管理

第八章 卓有成效的自我管理

第九章 用人与激励

学会管理，教育工作者的必修课

北京师范大学中国教育创新研究院院长

刘　坚

认识杜绍基老师后，我才关注彼得·德鲁克先生。

彼得·德鲁克被誉为现代管理学之父。90 岁高龄时，他本人撰文《我最重要的贡献是什么？》。他认为自己最重要的贡献如下。

1. 早在 60 年前，我就认识到管理已经成为组织型社会的基本器官和功能。

2. 管理不仅是企业管理，而且是所有现代社会机构的运行器官，尽管管理一开始就把注意力放在了企业身上。

3. 我创建了管理这门学科，围绕人与权力、价值观、结构和方式，尤其是围绕责任来研究，我认为应该把管理作为一门真正的综合艺术。

我个人以教育工作者的身份认为，这些话至少有以下两点应有之义。

首先，管理是现代社会得以有效运行的基本保障。也就是说，没有有效管理，就不可能诞生现代社会。

德鲁克自称“社会生态学家”，他始终将管理与社会价值、人类生活，甚至政治发展结合起来，认为管理不应该只是一些技能的训练，而是对人类、社会和企业的整体认识。

早在70多年前，基于个人学识、洞见和企业咨询实践，德鲁克给管理下了一个美妙的定义："管理就是界定企业的使命，并激励和组织人力去努力实现这个使命。"德鲁克凭借这个定义奠定了现代管理学的核心与灵魂。管理之所以能成为现代社会运行的功能器官，成为一门综合艺术，都源于德鲁克先生对管理的这个绝妙定义：明确使命，激励组织，实现使命。

其次，德鲁克的管理学充满人性，鼓励创新，强调责任。这与现代教育的本质高度契合。

德鲁克认为"管理学是一个以人为主轴的事业"。他的著述无不强调人的多元、多变与独特，而管理的特别之处就是发挥每位成员的所长，而尽量不让成员的所短对他人、对团队产生伤害。他给所有管理者提供了一个样板和楷模：倘若一个人能够对自己的同事、伙伴的行为、态度乃至价值观，有敏锐且练达的洞察，他就有成为一个管理者最重要的基础特质。面对天真烂漫的未成年人，每位教育工作者都更应该努力拥有这样的基础特质。唯有如此，儿童、青少年的快乐成长、有尊严的学习生活才能得到保障。

德鲁克在《创新与企业家精神》中，首次提出实践创新与企业家精神应该是所有企业和机构"有组织、有目的、系统化的工作"。当前，在实现人力资源大国成为人力资源强国的过程中，我们从来没有像现在这样如此需要通过全面创新，实现教育体系的转型升级。校长应该不断思考和回答"我是谁""我们是谁""什么是我们学校的使命与愿景"，并鼓励学校的每位利益相关者都能够朝着共同的目标从事创造性实践。这是教育工作者的职责所在，因此，学习管理也是教育工作者的必修课！

我的一位博士生，在杜绍基老师的指导下，汲取德鲁克管理思想精华，提炼出价值领导、自我领导、专业领导、组织领导和创新领导五个维度，作为评估校长领导力的基本框架。他按照现代测量与统计学规范，开发出一套校长领导力测评工具，在某省140所高中施测，采集数据，进行统计分析。通过研究他发现，我们的高中校长总体上长于专业领导和自我领导，特别是在引导教师专业成长等方面表现出一定优势，而在提炼团队共识形成愿景、激发活力和创造性等方面有待提高。

数年前，我有幸结识了杜绍基先生，邀请杜老师担任北京师范大学中国教育创新研究院“教育创新与校长领导力提升中心”首席专家，启动校长领导力培训。我们怀揣梦想，希望能够有10位、100位、1000位“李希贵式”的校长不断涌现。

谢谢杜老师接受我们的邀请，殚精竭虑，辛勤耕耘；感谢杜老师及其讲师团队撰写《当校长遇见德鲁克：冰山下的领导力》一书。希望有更多中小学校长、更多教育工作者能从德鲁克管理理论中受益。

遇见德鲁克是我职业生涯最大的福分

北京第一实验学校校长

李希贵

尽管人们对20世纪最伟大发明的排名众说纷纭，但我还是特别赞同美国管理学会的观点：管理学在这样一个时代应运而生，推动全社会取得巨大进步，理应居于所有发明之首，而彼得·德鲁克当然是这个时代最伟大的发明家。所以，当拿到杜绍基先生和彭信之先生合著的《当校长遇见德鲁克：冰山下的领导力》书稿的时候，我立刻就对它发生了浓厚的兴趣。

接触彼得·德鲁克的著作是在20世纪90年代，我刚刚担任校长不久。当时，出版界把他的名字译作杜拉克。零零散散地阅读，懵懵懂懂地感悟，一知半解地借鉴，一直到遇见《卓有成效的管理者》，才知道杜拉克和德鲁克是同一个人，一位影响了一个时代的巨人。于是，我如饥似渴地读了我能够找到的德鲁克的所有著作，这改变了我对管理和管理学的若干偏见，让我绕过了管理工作中的许多陷阱，帮我躲过了学校管理中的很多误区，也让我和我的同事们少走了弯路。毫不夸张地说，遇见德鲁克是我职业生涯最大的福分。

长期的学校管理实践，让我有机会验证德鲁克诸多管理思想的博大精深。德鲁克和其他管理学家的不同之处，还在于他的深入浅出。翻开他的任何一部著作，都像是遇见一位智慧的长者和你促膝谈心。

他的娓娓道来，随时让你心领神会；他的精辟洞见，不时让你醍醐灌顶。要事优先，让我学会用简单的工具进行自我管理；决策的五要素，让我开始理性地为纷繁复杂的管理工作分类；管理是一种实践，让我勇于在实践中大胆尝试，不断反思。

基于此，我曾经不遗余力地在各种场合推荐德鲁克，希望大家学习德鲁克，实践德鲁克思想，与德鲁克交朋友，也有许多朋友尝到了与德鲁克神交的甜头。特别幸运的是，杜绍基先生因为一位管理学者的使命感，与志同道合之士在2000年开始传播德鲁克思想，并于2006年在中国成立了北京彼得·德鲁克管理学院，以他对德鲁克的切身研究为基础，推动德鲁克思想在企业界、教育系统和非营利组织中广泛传播，并以德鲁克思想为中心向各界传道授业，帮助中国的管理者认识管理的本质。这是一项伟大的事业。

2018年秋天，在一个活动现场，我有幸认识了杜绍基先生，从此更加关注他在教育领域里的许多活动，特别是他加入由刘坚老师主持的中国教育创新研究院，致力于对一线学校管理者的培育，让我愈加钦佩。他专为校长们写的这本介绍德鲁克管理思想的大作，可谓雪中送炭。坦白地说，相比公司治理，学校管理还处于十分初级的阶段，我们大部分学校管理者是从一线教学能手直接上岗，并没有接受系统的管理学培训，更不用说接触类似德鲁克这样的管理大师。这次由得到德鲁克亲传的杜绍基先生主笔，送给我们一道管理学的智慧大餐，一定会给学校管理者以不一样的享受。

我特别推荐这本书，希望更多学校管理者能尽早遇见德鲁克。

管理的本质是激发和释放每个人的善意与潜能

杜绍基

这是一本写给校长的管理书，同时也是一本为有志投身教育管理的朋友所写的管理实用书。本书用适合教育领导者的价值观和语言，深入浅出地展示一张管理知识的地图，让读者少走管理工作的弯路。校长领导一所学校，俨然是一家企业的CEO，他的管理能力和管理有效性，会影响几百、几千人的结果和福祉。然而，在中国，真正系统学习过管理和实践管理的校长为数不多，大部分是把行政当管理，死死抓着规章、制度、流程、评估，仗着权力、头衔壮胆，摸着石头过河，在犯错误、困惑、痛苦中前行。

管理是一套有组织的知识体系，它并不玄妙，也不是什么高不可攀的理论，甚至有时候就是一些普通常识和经验的积累。许多人误把管理看成企业管理或工商管理，以致内心有抗拒感，教育领域和非营利组织的工作者更是如此。现代管理学之父彼得·德鲁克在论文《管理的新范式》中指出，管理就是管理，是各类组织的管理，更是人的管理。第二次世界大战以后，随着组织型社会的到来，形形色色的组织纷纷涌现，企业、政府部门、非营利组织、学校、医院等，都需要管理，更需要大批卓有成效的管理者。虽然不同组织的管理是有差别的，但差别只在于组织的特定使命、使用的管理术语和管理原理的应用方式不同，而不在于管理的本质，甚至在任务和挑战方面，管理者的职责和工作、人力资源发展、人事问题、运营情况、绩效标准和评估方式等，都是大同小异的。因此，德鲁克认为，管理是各类组织用以识别身份的独特器官，这绝不仅仅限于企业这类商业性组织。

笔者有幸在 2000 年初认识德鲁克先生，之后有五年时间近距离向大师请益，曾到他家访谈十多次，每次两三个小时，每次谈话后都会跟先生和他的夫人多瑞丝一起去他俩喜爱的意大利餐厅用午饭，再送他们回家；曾经两次参加先生的生日会，目睹世界级企业的 CEO 们对他的崇敬与爱戴；曾在先生的 EMBA 课堂学习，深刻感受到先生珍贵的管理思想是宝藏，应该在他仍健在时全面系统地引入中国，于是负责统筹他的弟子们一同研发中文版“德鲁克高层管理系列”课程，并在全球展开有关德鲁克知识产权的合作与收集；每季度向先生汇报在中国的办学情况，每次他不但专心聆听并提出宝贵建议，更常常主动问还能帮上什么忙，这样，我们才有机会留下他的录像致辞和手写的贺词寄语，这一切都是先生无偿为中国管理者的默默付出，让我永远铭记在心。

做梦也没有想到德鲁克先生会在离世那一年主动提出授权我们用他的名字在中国注册一所商学院，彼得·德鲁克管理学院于 2006 年在北京成立，笔者担任首任院长至 2012 年，专门负责推动先生的思想在企业界、教育系统和非营利组织中广泛传播，并以先生的思想为中心向各界传道授业，帮助中国的管理者认识管理的本质。

2016 年 4 月，我有幸与北京师范大学中国教育创新研究院刘坚院长和郑琰副院长会面交流，了解到教育界对现代管理知识的缺乏与需求，获刘院长诚意邀请，作为“教育创新与校长领导力提升中心”首席专家，负责向国内校长普及管理知识，并结合我国教育实际情况，开发一套全新的“教育创新与校长领导力提升”课程，帮助教育管理者提升现代教育治理模式下的管理水平和专业素养。首届研修班于 2016 年 8 月在北京举办，得到园长、校长、局长们的好评。此后我们每年定期举办这一研修项目，又在历届“中国教育创新成果公益博览会”上展示园长、校长、局长们的行动计划和成果，在全国各地举办多场大型公益讲座，四年间共向近六千位园长、校长和局长宣讲最新的管理知识，影响很大。

受时间和地域的限制，本课程学习未能满足众多园长、校长和局长对全面学习现代管理学的需求，于是笔者与中心特聘专家、彼得·德鲁克管理学院资深讲师彭信之，一同把多年研究心得以图书的方式呈现出来，配合学校管理的特点，选定九个以德鲁克思想为核心的主题，每个主题下都有中西教育案例和问题思考，以期让学校领导团队能系统地学习管理，在思想上得到启迪。

彼得·德鲁克是现代管理学理论的奠基人，著有 39 本有关管理、社会、经济、政治等的专著，以及上千篇发表于学术期刊、商业经济杂志和报纸的论文，其著作被翻译成 30 多种文字，在 130 多个国家广为流传。他卓越的学术成就和对社会发展的贡献为他赢得了 20 多个各国著名大学的名誉博士学位，并在 2002 年获美国总统颁授的美国公民所能获得的最高荣誉——“总统自由勋章”。《商业周刊》称他为“当代不朽的管理思想大师”，《经济学人》更称他为“大师中的大师”，他被管理学界誉为“现代管理学之父”。

德鲁克认为:“管理是一种实践，其本质不在于‘知’，而在于‘行’；其验证不在于‘逻辑’，而在于‘成果’；其唯一权威就是成就。”[①] 本书所谈的管理，不是教人如何实现利润最大化，如何做大做强，如何利用和操控他人。大部分学者是从企业运营的某一角度研究管理，如领导力、战略、变革、定位、创新、组织、核心竞争力、市场营销等，而德鲁克则是全面地从社会、组织和人的研究出发，他的思想更系统、深刻，直指人心。德鲁克出生在第一次世界大战爆发前五年，经历了 1929 年开始的全球性经济大衰退和大萧条，亲眼看见许多人饿死街头，自己的生命则有赖一个非营利组织的救助而捡回，因此对这类由个人发起的公益组织心存感激，惊叹于一个组织能产生如此巨大的力量，由此萌生了对社会和组织功能研究的兴趣。作为犹太裔奥地利人，德鲁克对德国希特勒的崛起和野心非常戒惧，又因为自己的论文挑战了对方的权威，从而移民到美国。在这样的背景下，德鲁克一直在思考有什么方法可以让人们不会再经历这样的磨难，这是他发自内心的善意与良知。当政府组织、营利组织和非营利组织这三大社会部门能够正常运转并发挥它们的特定功能，而其中的“人”又能够发挥所长，在工作中卓有成效时，人类社会便有可能进入一个持续进步、繁荣和稳定的时代，人类历史的发展便有可能在持续和变化之间找到平衡，避免过去的灾难与不幸，这是他重要的管理思想起源。

因此，当大家都尊称德鲁克为“管理大师”时，德鲁克则更喜欢

---

① 德鲁克. 管理：使命、责任：实务篇［M］. 王永贵，译. 北京：机械工业出版社，2009：序Ⅵ.

称自己为“社会生态学家”。在《功能社会》的序言中他写道，“作为一个作者，我最为人熟知的是管理方面的著作，在美国尤其这样。但是，我最初和最首要的关注并非管理，我对管理的兴趣始自我对社区和社会的研究”，他甚至说，“事实上，我更多的著作不是关于管理，而是关于社区、社会和政体。”[①] 德鲁克和父亲在看望弥留中的奥地利政治经济学巨人约瑟夫·A. 熊彼特（Joseph A. Schumpeter）时，领悟到仅仅凭借自己的书和理论而流芳百世是不够的，除非我们活在世上时能够影响和改善人们的生活，否则人生就没有任何重大意义。由此，一部分资深德鲁克研究学者总结出：管理的本质是要激发和释放每个人的善意和潜能，管理的终极目标就是改善他人的生活。这意味着通过管理的实践去帮助他人成长，成就他人，让自己的才干为别人所用，体现组织的团队精神，在负责的岗位上有所贡献。这是每位管理学习者和实践者都应该追求的终极目标。

由于企业在管理理论的发展和应用上扮演着重要的角色，因此本书有不少例子借鉴于企业。他山之石，可以攻玉。不同类型的组织在大部分管理问题和挑战上是类似的，读者在学习时要保持开放的心态，思考如何将其转化和应用到学校的日常管理中。请谨记，学校的管理功能在于使其更像学校，而不是更像企业，祝愿大家都能成为卓有成效的教育管理者。

耳畔突然响起德鲁克说过的话：“在这个充满改变与挑战，充满新视野、新危险、新领域与永恒危机，充满苦难与成就的时代，在当下

---

① 德鲁克. 功能社会：德鲁克自选集［M］. 曾琳，译. 北京：机械工业出版社，2007：序 3.

这个交错更替的时代，个体无所不能，又百无一能。如果他认为自己能强加自己的意志，能左右历史的进程，无论他的地位有多高，他都极其渺小；如果他知道应对自己的行为负责，无论他的地位多卑微，他都无所不能。”[①]

是为序。

① 德鲁克．已经发生的未来［M］．许志强，译．北京：东方出版社，2009：204.

用管理的思维看教育

校长与职业经理人完全来自两个世界：一个是事业单位，一个是各种形式的企业；一个是非营利性质，一个是营利性质；一个以教书育人为目的，一个以顾客价值为目的。

他们又有很多相同之处：无论是教师还是工程师、技术人员、销售人员，都是典型的知识工作者；无论是与其他学校竞争生源还是在市场中竞争市场份额，他们都在参与真正的竞争；学校的成果在学生身上，经营的成果在顾客身上，他们都在进行管理，而成果又在组织的外部。我们甚至观察到，在有些地区的教育改革过程中，校长越来越接近于职业经理人的角色，比如新校长上任后，由其自主组建领导班子，提名并聘任副校长和中层干部，校长可以根据教学需要使用学校资金和任免教师。同时，由教育局和政府部门、教职员工、家长、学生代表组成评价委员会，对校长进行绩效考评。

商业的管理模式固然不能照抄照搬到学校，学校也有完全不同于企业的组织形式和任务，但我们却可以充分借鉴。美国教育家苏珊·佩妮·格蕾（Susan Penny Gray）博士有超过 40 年的校园管理工作经验，她从吉姆·柯林斯（Jim Collins）的《从优秀到卓越》一书中获得启发，对美国取得卓越成就的明星校长进行行为、人格分析，从而找到帮助校长们建立教育领导力的方法。在《从优秀学校到卓越学校：他们的校长在哪些方面做得更好》中，格蕾博士公布了他们团队的两个重要发现：第一，校长们的行为与首席执行官的行为是相似的，以前我们则认为他们是两类人；第二，校长们的行为直接关系到学生们未来的成功，而过去我们则认为只有教师才会有这样的影响。

这样的发现令人鼓舞。

时至今日，我们与北京师范大学中国教育创新研究院深度合作进行校长领导力的研究已经五年。我们发现，几乎所有的校长都是教师出身，他们尽管有深厚的教育学背景，但管理能力参差不齐。之所以有这样的问题，一个重要原因是他们中很少有人系统地学习过管理。

本书正是为那些愿意在教育事业上承担更大挑战的管理者所写。

全书分为三篇九章。上篇是《冰山下的领导力》。第一章《现代管理学》指出现代管理学与工业革命时代的差异。在管理的新范式下，管理者的任务不仅是“管理”人，更应该是引导人，让每一个知识工作者的长处和知识能全面发挥作用。《校长领导力》一章详细比较冰山上倚仗权力、头衔、魅力等的领导力，与冰山下围绕品格、责任、绩效、贡献和成就他人的领导力的差异。《变革的引导者》一章指出领导者必须是变革引领者，需要主动寻找变化，拥抱变化，发现适合的变革良机；并具体列出变革的原则、陷阱、秘诀和变革引领者应该扮演的角色。

中篇是《学校的管理》。《学校发展战略规划》一章尝试将企业战略思维导入学校管理，要求校长理解战略的本质，并能够为学校规划发展蓝图。《学校创新的 DNA》一章尝试将持续百年的创新理论与创新型学校建设相结合，帮助校长从商业创新的世界里汲取营养。《目标管理与自我控制》一章重点讲述如何避免学校出现强权式、行政式、官僚式管理而充分释放人的价值。

下篇是《人的管理》。《知识工作者的管理》一章谈及对知识工作者的正确理解。今日的教师都是典型的知识工作者，他们的工作方式、工作要求、工作习惯与上一代教师截然不同。校长必须对此有深刻了解，才能有效领导他们为一个共同的目标齐心努力。第八章《卓有成效的自我管理》强调校长必须将自己视为学校的最大资源善加利用，以提升个人工作的有效性。第九章《用人与激励》谈及如何管理教师队伍以充分发挥团队的合力。

为了帮助大家做到知行合一，我们在每一章后面都附有思考题，您可以带着问题进行针对性的阅读。另外，我们还特别附上了广受好评的 12 个管理工具，并说明了每个工具的使用方法，以方便您查询、使用。

当您在管理上遇到瓶颈、感到困惑时就可以拿出本书看一看。

上篇

冰山下的领导力

第1章 现代管理学

在我看来，管理者的工作之所以如此有趣，完全是因为管理是涵盖了三个方面的整体。我很快就明白，谈管理时必须将三个方面都纳入考虑：第一是成果和绩效，因为这是企业存在的目的；第二必须考虑在企业内部共同工作的人所形成的组织；最后则要考虑外在的社会——也就是社会影响和社会责任。

——德鲁克《管理的实践》自序

自从有人类和资源支配的活动开始，管理的行为就自然出现，但管理作为一门系统性学科则只有不到两百年的历史，仍相当年轻，新理论不断涌现，旧理论被推翻或修正，许多管理知识仍有待发现和验证。事实上，在人类历史上，很少有一种专业知识兴起得像管理一样迅速，并形成如此巨大的影响，使得全球各国的社会和经济基础结构发生了深刻变化，各类型组织得以各自发挥其特定职能，各司其职。德鲁克提出，现代管理学是一种工作，它有自己的技巧、工具和方法；管理是一种器官，是赋予组织以生命的、能动的器官；管理是一门学科，一种系统化的并到处适用的知识；同时管理也是一种文化，更是一种博雅之学。

一、工业革命时代的管理

19 世纪初期，管理理论开始形成，这是现代管理理论的萌芽阶段。20 世纪初期，弗雷德里克·泰勒（Frederick W. Taylor）的科学管理理论对后世产生深远影响。被称为“科学管理之父”的泰勒认为，“管理就是确切地知道你要别人干什么，并使他用最好的方法去干”[①]。在泰勒看来，管理就是指挥他人用最好的方法去工作。他的管理理念让人们通过一定措施制止了各种形式的磨洋工，改变了人类工业化的进程。企业家亨利·福特（Henry Ford）因此创建了世界上第一条汽车流水生产线，实现了机械化的大工业生产，大幅提高了劳动生产率，出现了高效率、低成本、高工资和高利润的局面。

泰勒的科学管理理论令人类的生产能力得到明显提升。这对工业革命时代大部分技巧欠缺、不熟练和教育水平较低的工人来说，是颇为有效的。但随着社会环境的变化，这种把工人当作机器的附属物，过于注重规章制度、流程，不鼓励创新精神，不能充分调动员工积极性，忽视工人的感受和意见，忽视人性的一面，只以工作为中心的管理方法，严重压抑了人的创造能力和潜能。福特曾感慨

① 泰勒. 科学管理原理 [M]. 马风才，译. 北京：机械工业出版社，2007：157。

地说："每次我要聘用的只是一双手，可结果却来了一个人。"福特的感慨其实揭示了一个重要事实，就是当面对一个员工的时候，你面对的不是一个只知道执行制度和流程、毫无情感的机器，而是一个有血有肉、有情感、有智慧的"活生生的人"。因此，只要你需要雇用员工来完成任务，就要顾及他的情感，就要调动他的主观能动性，这样才可能发挥一个人的真正潜能。逼令员工严格遵守制度和流程，不容许有创新和丝毫错误，等于只雇用他的双手，让他做一台机器，甚至一颗螺丝钉。在现代社会中，要让员工充分发挥自己的聪明才智，发挥创造力和能动性，我们还需要雇用他的大脑。

二、管理的新范式

20 世纪中叶以来，所有组织面临一个共同的新挑战，就是知识工作者全面取代体力工作者，成为社会的支配阶层。德鲁克留意到这种新的社会现状，在 1954 年出版的《管理的实践》一书中，提出一个具有划时代意义的概念——"目标管理与自我控制"（*Management by Objectives and Self-Control*），奠定了其管理大师的地位，被尊称为"现代管理学之父"。"目标管理与自我控制"理论的核心是，虽然组织里每个人所做的贡献各不相同，但他们的努力必须朝着同一个方向，他们的贡献必须结合成一个整体，所有贡献都必须为了一个共同的目标—使命。该概念的重要贡献就是使知识工作者能够以自我控制的管理方式，取代专制支配式的管理。这样的自我控制是在不逾越道德规范、专业操守和不干扰组织延续性的边界下，自由决定每个人应该尽的职责。

接着，在1969年，德鲁克在世界性的“国际管理运动”讨论会上提交了一篇阐述其管理观点的论文，题为《管理的角色》。论文提出，在过去50年里，建立在管理理论与实践基础上的主要假设正迅速变得不适当。有一些变得不再有效或已经过时；另外一些虽仍可用，但也迅速变得不充分。它们所涉及的管理不再是“主要的、支配的、普遍的职能和现实”，但大部分管理人士仍把传统的假设视为理所当然。德鲁克于是提出了管理的新范式[①]。范式从本质上讲是一种理论体系，是任何学科都需要有的基本假设，是一门学科赖以运作的理论基础和实践规范。德鲁克提出了七项新假设。

1. 管理是所有各类组织区别于其他组织的独特器官。

2. 管理必须寻找与所需完成的任务相契合的组织结构。

3. 管理必须特别强调对人的重新认识。新的管理范式把“人的潜能”的培养和发挥放到一个十分重要的位置。管理者的任务不是“管理”人，而是引导人，人员管理的目标是让每一个人的长处和知识发挥作用。

4. 无论是技术还是产品的最终用途，都不是制定管理政策的正确基础。管理必须从顾客价值和顾客决策出发制定相关战略。

5. 管理的范围不是由法律界定的，它必须从经营上进行界定，必须包括整个经济链。

① 德鲁克. 21世纪的管理挑战［M］. 朱雁斌，译. 北京：机械工业出版社，2006：1.

6. 管理实践必须根据经营的需要，而不是根据国界进行界定。

7. 任何一个组织的成果都只存在于组织外部，管理是使一个组织能产生外部成果的器官。管理是为组织的成果而存在，它必须从预期达到的成果出发，必须组织资源以达成这些成果。

三、管理的主要任务

德鲁克认为，“对知识工作和知识工作者进行管理，是目前和未来的工作，而不是过去的工作。由于它基本上是一项新任务，所以我们对它的了解，甚至比对体力工作者进行管理所了解的还要少。因此它是一项更为艰难的任务。”① 管理者要使用一种独特的资源——人，就必须认识人的特点。对今天大部分接受过良好教育、有丰富经验和阅历、有创造力和独立思考能力、有更强自主性和流动性的知识工作者群体，我们必须用新的管理方式领导他们。管理的主要工作不再是规范、约束、监督与控制，而应该是培养、授权和激励。唯有基于民主、开放、尊重、信任和授权的自我管理氛围，才能释放每个员工的潜能。

管理有三项主要任务。

① 德鲁克. 管理：使命、责任：实务篇［M］. 王永贵，译. 北京：机械工业出版社，2009：184-185.

1. 深入思考并界定组织的宗旨和使命

一个组织的存在目的，主要是实现其特殊的宗旨和使命，也就是承担一种特定的社会职能。“特殊”意味着组织的核心竞争力，意味着为顾客或服务对象提供与众不同的价值，因此深入思考宗旨和使命是管理的重要任务。每个组织都必须取得绩效，因为它只有通过所取得的成果，才能证明自己存在的价值。

2. 让工作富有效率，使员工有所成就

工作不但可以让人赚取金钱，也可以让人获得成就感，获得社会地位，实现理想，建立社交圈子，施展才能。人是组织中最重要的资源，唯有通过发挥人力资源的生产力产生绩效，才能让组织持续发展。因此，管理者必须花心思设计有意义、有挑战性的工作，排除下属在工作中遇到的障碍，让员工在工作中富有效率，通过工作体现自身的价值，有所成就。

究竟如何才能让老师的工作富有效率？想办法减少他们工作上的障碍，增加工作效率意识，使信息透明、共享等，都是有效手段。人是天生爱工作的生物，但要让人有动力持久工作，则需要让人在工作中得到成就感。成就感不一定源自校长，有时候源自学生和家长的冲击力可能会更大。

北京师范大学与郑州市高新区教育局合作办学的执行校长王昌胜先生的专栏，曾举某校教师节的例子清楚说明了这一点。对庆祝活动，孩子们商议后达成共识，在升旗仪式中除全体向老师献花外，

每个人都要叙述与老师之间动人的故事瞬间。这令很多教师说“备受教育”。“老师，我以前不喜欢数学，您教了我们一周的数学课，让我对数学产生了兴趣，慢慢喜欢上数学课了。谢谢您，老师！”这位只是因为别的老师请假而帮助代了几节课的老师感叹，“真没想到我在孩子心中有这样的分量”。“老师，自看到您第一眼起，我就感觉您很温柔，很有耐心，您一定是一位好老师。”这位刚参加工作的老师事后哽咽地说：“我没想到能得到孩子这样的鼓励，我一定要做个好老师。”一次升旗，让老师看到自己工作的意义和价值，由此发自内心地要把课备好、把教学工作做好，效率自然比自上而下压要高得多。

3. 管理机构的社会影响和承担社会责任

组织存在于社会中，所有活动都会直接或间接对社会产生影响，必须加以管理，避免对自然环境、人文环境和社会环境产生负面影响；同时要关注社区的需要，承担社会职能。

四、管理的社会职能

“管理书籍所关注的大都是管理在组织内的职能，很少有人认为它是一种社会职能。然而，正是因为管理已经成为如此普遍的一种社会职能，所以它才面临着自己最严峻的挑战。”[①] 管理的根本目的是

① 德鲁克，马恰列洛. 管理：上册［M］. 辛弘，译. 北京：机械工业出版社，2009：23.

创造绩效，而绩效需要通过人来创造。对学校而言，培养优秀的学生，发展专业的教师团队，为地区和国家供应今天和未来合适的人才，是它主要的绩效考量。管理者一方面要考虑做出的决策对学校内外会造成何种社会影响，另一方面又要把创造绩效奉为它的首要职能。

德鲁克认为，管理是组织的器官，而组织又是社会的器官，每个器官都有其独特功能，即它独有的使命。唯有每个组织都各尽其职，社会才可以健全运转，才能拥有健康强壮的体魄。学校是社会的器官，它之所以存在，就是因为它能够为社会解决某一方面的问题。社会问题就是学校的市场需求，因此学校是社会的一个职能部门，需要为社会承担责任，解决问题。每一所学校都是为外界做贡献而存在的，一所学校的好与坏，只能以社会立场来评判。

学校在履行职责时，其行为必定会对社会产生冲击。学校是社会的一分子，它为社会培育人才，为家长分担教导子女的责任，它对周遭的交通、环境、地区经济发展、文化风气等，均构成一定影响。基于管理的社会性，管理者必须主动承担社会责任，管理它给社会带来的冲击。假若忘记了自身的社会职能，必将摧毁社会对学校的支持，甚至摧毁学校本身。

五、管理的道德底线

德鲁克指出，管理者的首要责任是“绝不明知其害而为之”，这是管理的道德底线。这句话出自《希波克拉底誓言》，是每一个医学生步入医师行列时要宣读的誓言。希波克拉底为古希腊伯里克利时代的医师，被西方尊为“医学之父”，是西方医学奠基人。他的医学观点对西方医学的发展有巨大影响。

《希波克拉底誓言》是警诫世人的古希腊职业道德的圣典，是希波克拉底向医学界发出的行业道德倡议书，也是全社会所有职业人员言行自律的要求，并且要求正式宣誓。医护人员和有关健康工作者都需要了解希波克拉底这位历史名医和《希波克拉底誓言》。誓言内容如下：

要遵守誓约，矢志不渝。对传授我医术的老师，我要像父母一样敬重。对我的儿子、老师的儿子以及我的门徒，我要悉心传授医学知识。我要竭尽全力，采取我认为有利于病人的医疗措施，不能给病人带来痛苦与危害。我不把毒药给任何人，也决不授意别人使用它。尤其不为妇女施行堕胎手术杀害生命。我要清清白白地行医和生活。无论进入谁家，只是为了治病，不为所欲为，不接受贿赂，不勾引异性。对看到或听到不应外传的私生活，我决不泄露。如果我能严格遵守上面誓言，请求神祇让我的生命与医术得到无上光荣；如果我违背誓言，天地鬼神一起将我雷击致死。

基于管理的社会性，管理者需要承担伦理的责任。没有一个专业管理者能够保证他一定能为服务对象带来利益，他所能做到的，只是尽力而为；但理论上他能够保证自己绝不明知其害而为之，因此他必须在重要领域中承担起专业人员的伦理责任，仔细检查自己的一言一行，保持独立自主，保证做到“绝不明知其害而为之”。

德裔美籍著名哲学家汉斯·约纳斯在他的名著《责任原理——现代技术文明伦理学尝试》（*The Imperative of Responsibility—in Search of an Ethics for the Technological Age*）里给出了一个预测原则——对不幸的预测应该比对福祉的预测给予更多的关注；而且认识恶绝对比认识善容易：它更加直截了当，更有紧迫性，人们对它的看法也更少差异，最重要的是，无须我们去寻找，它自己就会跳出来。乍听上去不故意作恶——“绝不明知其害而为之”是理所当然的事，但这却不是一条容易遵守的准则。原因之一是它往往与学校或某些人的利益有冲突，又或因为急于发展而选择牺牲部分人的利益。在企业中，为了利润最大化而埋没良心，明知其害而为之的事每天都在发生。有时候为了遵守这个底线，管理者需要牺牲个人利益或短期绩效，这对管理者的胸怀远见和品格的诚实正直，是最好的试金石。

六、从管理学看教育的本质

德鲁克被尊称为管理大师，但他真正研究的是人、组织与社会的关系。他喜欢自称“社会生态学家”，使用生态学家研究生态环境的方法来研究人类社会环境的各种关系和变化。在他的39本著作中，对知识型社会、知识工作者和教育本质的论述甚多，因为教育既是知识型社会的核心，也是影响和决定一个国家、组织和个人竞争力与生产力的关键因素，他的看法颇具前瞻性和启发性。

1957 年，德鲁克在《已经发生的未来》中指出，人类正经历一场教育革命，因为从商品和服务的角度来看，知识工作不再是“手无缚鸡之力”的非生产性工作。在知识型社会中，知识工作具有特殊和爆发性的生产力，那些主要靠双手工作的人，他们的生产力则没有太大变化。例如，体力劳动者要增加产能，只能靠更拼命地工作，或增加工作时间，但这种线性增长很有限，且人毕竟不是机器，不能长期在这种状态下工作。因此，要突破生产率的限制，只能在体力劳动的过程中加入知识，如改变工作方式、改变流程、改变工具、按个人专长分工等。知识的产生与应用，使人类社会的进步有了质的飞跃，加速了教育普及，增加了对教育质量的需求。

受过良好教育的人是一个发达社会的资本，他们的数量、质量和使用率是衡量一个国家财富创造力最有价值的指标。和自然资源、工业企业一样，教育能力成为国际贸易、经济发展和经济竞争的核心因素。从本质上说，现代教育要从传递信息转变为引发求知的欲望和独立思维的能力。在过去，传统教育的前提假设是学生自己无法获得适合和足够的信息，教师被认为是课堂上在某一个专门领域里学问最多、知识最丰富的人。唯有通过教师才能系统地传播知识，学生只有通过教师的讲授和阐释才能有效吸收，最终必须通过有确定答案的考试来验证学生是否学到有关专业知识。但这种情况已随着知识型社会的到来而彻底改变，信息传播的成本和技术大幅改善，人们获得知识的机会大大提高，教师已不再是学生知识的唯一来源。在移动互联网愈来愈普及的今天，知识的获取就在手掌之中，因此真正需要培育的是学生对知识的主动渴求、选择和独立思考的能力。

英国的夏山学校是用管理思维办教育的典型范例。这家创办于1921年的学校可谓现代教育史上最著名的学校之一。他们将管理的原则渗透到学校的每一个角落：任何事情，包括就寝时间都在各学期初投票决定。学校设有学生自治会，成员包括学生以及教职员工、访客以及任何想参加的人。学生自治会分成三个部分：议事、议程、会议。学生会在会议中以提案的方式提出任何不满、牢骚、抱怨或渴望得到的东西。整个会议过程非常严格，每个议题都会被学生充分讨论，连七岁的孩子都会不畏惧地站起来说明事情的原委，学生们对自己的权利也都会争取到底，从而培养他们选择与独立思考的能力。

“在一个知识型社会中，教育是一种投资，多数其他投资方式的有效性和产出力取决于它”[①]，因此教育不能被错误地视为花费；相反，教育是一个国家的重要投资，教育必须能使学生成为一个更优秀、更有奉献精神和更卓越的国家公民。社会对教育既然投入这么多的资源和期望，那教育的社会功能又是什么呢？首先，是责任。教育并不是赋予人特权而是给予人责任，并非用来证明个人主张而是鼓励个人贡献。其次，要培养有责任感的公民。受教育越多、责任越重，他们应该能自我克制并积极为社会行为承担责任。这些知识分子必须树立高标准的道德要求，做出承诺和贡献。

① 德鲁克. 已经发生的未来［M］. 许志强，译. 北京：东方出版社，2009：101.

教育影响的是人类的未来。今天书本上的知识在书本印刷出来前便已经开始落伍，在职学习和持续个人增值的需要不断增加。人一生都在学习，何时学、学习什么内容，以及知识的实用性、适切性等，都成为教导者和受教者需要考虑的方面。人人都知道教育必须变革，也有很多教育界人士在努力做出改变。然而，如果不能把所有变革都引向同一个方向，那么这些变革即使不是无效的，也会事倍功半。传统的教育，从小学到成人的持续教育，所采用的基本方法仍然是统一的教学内容、统一的教授方法、统一的考试题目。这些都是为了"教"起来更方便，而不是为了更好"学"。事实上，教育始终注重如何"教"，而不是注重如何"学"。教育的根本性变革，就是要按社会的变化，让学习者回归教育的中心。这就是德鲁克所强调的，要经常重新界定谁是你的服务对象，以及他们现在看重的价值是什么。知识型社会需要的是全面发展的知识型人才，运用知识不再只是谋生的手段，而是生存的目的和意义所在。唯有当人类的知识和优势能得到充分发挥时，才能人尽其才。

位于德国威斯巴登市的海伦娜中学，生源主要来自贫困地区的移民家庭，多为问题少年，却赢得了"联合国教科文组织模范学校"的称号。这所学校所展现出来的人文关怀和无限创意让知识型社会的特色体现得淋漓尽致。

首先，这所学校实施跨学科主题教学，学生学习、研究和讨论的内容，并不局限于事先规划好的、依学科分好类的知识，而取决于他们对该主题的兴趣和疑问所在。课堂中由老师组成的教学小组会提出各种建议，鼓励学生在实践中学习，最后各科老师才会把该主题和自己的专业知识结合起来进行分享。开放的课堂大大激发了学生的好奇心。其次，海伦娜中学的老师们具有很强的团队精神，不管有多少年的教龄，仍然拥有教育的梦想。学校每位老师都带两门课程，一门是专业课，另一门是根据自己的兴趣选的非专业课。他们为了维护团队的存在和完整甚至愿意放弃自己的整个假期。最后，海伦娜中学的班主任由各方面都很优秀的老师组成，他们会花时间研究每个学生以做到因材施教，会在每周一的例会上和学生进行平等交流。学校鼓励老师们在班级里教授第二学科甚至第三学科，以增加班主任和学生相互接触和了解的时间。

知识型社会中的教育有以下特征。

①书本和印刷媒体提供的是过去的信息和前人的知识，它们可以构成掌握知识的平台，却不再是知识来源的主体，移动互联网、微课堂、碎片式、随时随地式和按需式的学习会愈来愈普遍。

②为增加学习的有效性，老师要对每个学生有深入的认识，做到因材施教，因需而设，因时而设，以学定教。

③老师不再像从前一样比学生早学得知识，再传授给他们，也不一定是课堂上唯一对某专业知识最懂的人，老师的角色与心态需要重新定位。讲课讲得好不再是好老师的标准，能提出好问题激发和引导学生思考才是真正的好老师。

④每个人都有可能利用获得的信息学习知识和创造新的知识，并广泛传播至世界各地。共享知识按个人的实践经验和验证成果而

产生，答案变得多元，而不是只有唯一的正确答案。

⑤老师的主要工作是让学生承担起自主学习的责任，学会思考和建立自己的假设，让他们发掘自己的潜能，发现自己真正的优势和兴趣所在，能够从浩瀚的数据中找到所需要的信息，通过发问促进思考，找到合适的答案，构建自己的知识体系和价值观。

⑥老师需要提供和接受个性化的学习需求和方式，不再要求学生一味背诵，更要引发学生深入思考，发掘新的可能性，产生新的自我发现，而不是盲目框死创造力。要接受来自学生因求知欲带来的挑战，能接受学生在知识上的补充和充分肯定，真实体现以学生为本。

⑦无论是老师还是学生都要建立不断打破惯性思维和假设的习惯，先是通过亲身经历打破原有的思维，产生完全不同的经验，然后再了解造成差异的原因，使他意识到自己的惯性思维和假设不再是事实，克服接受新观念的障碍。

⑧成人教育和持续的终身学习会有很大需求，重返校园接受高等教育和专业知识成为职业发展和个人成就的标志，因此学校要界定哪些学科不需要在中学时期便编入课程体系，因为学习它们对缺乏经验的青少年来说，需要高昂的时间成本，是一种浪费。教育是一个整体，需要从培养未来人才的角度进行全面设计，而不能像笛卡儿的机械世界观那样，认为各阶段内容拼凑起来就是教育的整体。

在知识型社会中，追寻教育的目的就是认真思考受过良好教育的人必须成为什么样的人，以及为了取得最大成就、做出最大贡献、使自己得到最充分的发展，人必须学习什么。学校是为社会而教育，人们不是为学习而学习，而是为生活而学习。教育必须能培养有美德、有责任感的公民，使人甘于自我克制并积极为社会行为承担责任。这对教育工作者提出了高目标和高教学质量的要求。让我们重新认识中世纪伟大的哲学家和教授圣·博纳文图拉（St. Bonaventura）在700多年前展现出的智慧——他说，每一种知识和每一门学问都来自对终极真理的认识和热爱，并最终回到终极真理。

问题思考

1. 管理就是“管人理事”吗？你喜欢被“管”吗？你在工作中喜欢被如何对待？

2. 你现在的管理方式适合体力劳动者还是知识工作者？有需要改善的地方吗？

3. 你是否需要重新设计下属的工作，以让他们获得更大的成就感？

第2章 校长领导力

领导能力确实很重要，但是，它与我们现在所理解的领导能力不是一回事。它与领导素质关系不大，与领导魅力更是没什么联系。它是平淡的，并不浪漫而且有点儿枯燥。领导能力的本质是一种工作行为。

——德鲁克《管理未来》

第 15 章《领导艺术：少说多做》

无论在哪个地区，领导力的研究和学习都是热门课题。然而，我们看到许多学习过领导力的人回到工作岗位后，他们的领导方式没有本质变化。做决策时还是一个人关上门拍脑袋，开会时还是一言堂，不懂得倾听，更不能接受不同意见。一个人天天拼命苦干，疲于奔命，弄得焦头烂额，却推不动团队。既不懂如何授权，也不懂怎样有效激励，造成“强将”手下皆弱兵的困局。究其原因，是大部分人对领导力的认知处在冰山的表层 —— 权力、头衔、权威、学历、社会地位、魅力等，而忽略了领导力的核心是如何为人、如何成就他人、如何做贡献、如何传承。

作为一位社会生态学家、一位“旁观者”，德鲁克强调领导者角色的觉醒：校长不能像过去一样用权力和操控来领导教师团队。领导力是关乎责任、绩效和贡献的，而不是高高在上的权威；领导者的水平，由他视野的高度、奉献精神和诚实正直的品格决定。每位校长都需要开发自己冰山下的领导力：有高尚的品格情操、清晰的价值观、明确的学校使命，熟悉下属的长处，着重释放每个人的潜能，有让人人都成为领导者的胸怀。

一、冰山上的领导力

冰山上的领导力主要有以下几种表现。

1. 误把头衔当领导力

习惯上，大家都称权力最大、头衔最高者为领导。领导者就是指头衔最高的人吗？在顶层的管理者就一定拥有称职的领导力吗？假如是这样，一般的管理者或教职人员还需要学习领导力吗？

仔细研究便会发现，时代的包袱让我们潜移默化地接受了领导等同于上级的文化。领导者的内涵是指有领导能力、能正向影响别人共同实现组织使命和愿景的人。这与校长的身份、社会地位或头衔等没有必然的关系。

2. 权力的困惑

与头衔相对应的是权力。许多人当上校长前都是优秀教师，是教学的楷模，却从未系统地学过管理，当某一天终于当上“领导”时，便只懂用权力壮胆瞎指挥。事实证明，由头衔、职位赋予的权力在今日的时代已愈来愈不管用，特别是面对“90 后”“00 后”的老师时。这些老师大多家庭背景相对优越，拥有一定的学历和经验，而知识本身就是力量，就是一种无形的权力。这些年轻人能独立思考，很有主见和个人风格，有一定的人生路径选择权，职业上有更大的流动性，不喜欢被命令、约束，只喜欢跟从他们尊敬的上司，德鲁克称他们为“知识工作者”，校长的权威和权力对他们逐渐失去作用。如何有效领导这些年轻的知识工作者，让他们在教学时富有激情，乐意配合学校的任务，不再只注重物质报酬，是今天每位校长都面临的挑战。

3. 无所不能的英雄

有句老话说“强将手下无弱兵”，真的是这样的吗？现实生活中，很多厉害的名校长，他们的教职人员却大都是弱兵。这是因为每个员工在他们眼中都不完美，因而经常受到严厉批评，以至有能力的人因受不了而离去或变成消极的旁观者，身边留下一众平庸之辈。如果因只看到别人的问题，不懂欣赏和鼓励，最终累垮的还是校长自己。其实，校长不一定要是学校里最强的人，重要的是他们有能服众的品质，强者愿意为他们所用。历史上的刘备、刘邦等皆懂用人所长，因此手下猛将如云。聪明的校长明白，教职人员的成功才是学校和他们自己真正的成功，他们懂得培养和激励下属的重要性。

中国人民大学附属中学曾有七名各有所长又颇具争议的老师，他们被称为“七颗星”。刘彭芝校长上任后力排众议，秉持用人之长的基本原则对这七个人大胆任用。她常找他们谈话，指出其优点并鼓励发扬，指出其缺点并要求改进。这是培养和激励下属的重要内容。结果七个人中的五个脱颖而出，成为 1999 年度人大附中“特殊贡献奖”获得者。此外，刘彭芝校长还专门从外地引进了一位既无大学本科文凭，又无北京户口的老师并委以重任，后来证明这是非常成功的。

4. 盲目模仿别人

许多校长因为不懂领导方法，更没有建立起个人风格，于是便试图模仿别人，或学习某位“名校长”的管理方式，或参加一些论坛学习后回到学校依样画葫芦，用繁杂的规章、制度、流程、评估等进行一浪接一浪的狂轰滥炸，但成效甚微。主要原因是领导方法欠缺系统性，缺乏适合推行政策的土壤——清晰的办学理念、学校文化、彼此信任、畅顺沟通、团队精神等。

领导者的风格是多样性的，没有一种风格适合所有组织。在40年的工作中，我见过非常活跃外向、善于表达的领导者，也见过安静、沉稳、内敛的领导者，他们在不同组织内都管理得得心应手。对领导风格的学术研究表明，领导者的工作是动态、多元的，因此校长不要试图模仿别人，要做真实的领导者，成为自己。

领导力强调的是领导者的品格、视野格局、能力和绩效，华丽的外表与言辞不是决定性因素。领导风格要因地制宜，按学校不同的发展阶段、不同的文化生态、不同的团队组成而有所调整。

5. 盲目追求领导魅力

有效的领导并不是依赖于超凡的魅力。“事实上，超凡魅力正在成为领导者的梦魇，它使领导者们变得顽固、深信自己永远是正确的，而且不会改变”，“超凡的魅力本身并不能保证领导者的有效性”。[①] 今天，因为媒体和互联网的过度渲染，许多人对魅力型领导者趋之若鹜，甚至盲目追求魅力。

魅力的好处是容易一呼百应，容易达成共识，节省决策时间，但它的反面是下属可能会盲目追随，不加思考地接受，以至影响决策的质量，更有可能让校长本人膨胀，自以为是，刚愎自用，听不进不同意见，最后害人害己。魅力是把双刃剑，它不容易复制，更不能传承。许多大企业如通用电器等，在他们显赫一时的领导离任后，都面临传承的严峻挑战。这种情况同样发生在许多“名校长”退休后的学校。校长的魅力，应该源自他的人格，他的以身作则，他的言出必行，他为学生、教师和学校带来的成就与对社会的正面影响。

德鲁克先生本人深刻感受到了优秀老师对学生的意义。1919年，小学四年级的德鲁克进入一所私立学校学习，校长埃尔莎小姐有一个习惯，每星期有一堂课会和每一位学童单独会谈，讨论他上星期的表现和下星期的计划。她观察到德鲁克在写作和阅读方面有天赋，于是要求德鲁克每周写两篇作文并对作文的质量提出很高的要求；在阅读方面则是把德鲁克调到靠窗边的位置上以保护他的眼睛。在数学方面，埃尔莎小姐发现马虎大意的坏习惯影响了德鲁克数学能力的发挥，于是安排德鲁克负责检查同排小朋友的数学作业，使这一毛病得以快速纠正。在写字方面则更富有戏剧性，在经过不

① 德鲁克. 德鲁克管理思想精要［M］. 李维安，等译. 北京：机械工业出版社，2009：221.

断的尝试和努力后，埃尔莎小姐发现德鲁克不具备写字的天赋，于是立刻要求德鲁克放弃写字方面的练习，并建议他跨过五年级直接升入中学。这些决策不仅深深影响了德鲁克的一生，更让我们认识到一名正直的校长对学生的意义[①]。埃尔莎校长没有丝毫大校长的架子，她细微的洞察与关怀在有意无意间培养了一位影响世界的管理学大师。

二、冰山下的领导力

冰山下的领导力值得我们重视。

1. 冰山理论与领导力

冰山理论是心理学家西格蒙德·弗洛伊德（Sigmund Freud）和小说家欧内斯特·M. 海明威（Ernest M. Hemingway）在各自的著作中分别提出并加以应用而得以广为流传的。弗洛伊德与约瑟夫·布罗伊尔（Josef Breuer）于 1895 年合作发表《歇斯底里研究》，其中弗洛伊德的人格理论认为，人格就像海面上的冰山一样，露出来的仅仅是有意识层面的部分，水面上可见部分的属性是知识、技能和经验，而在水下看不见的绝大部分处于无意识的状态。这部分在某种程度上决定着人的思想和行为，包括情感、思维、品格、信念、道德观、价值观、自我形象、做事方式、暴力倾向、与他人的关系，

① 德鲁克. 旁观者：管理大师德鲁克回忆录 [M]. 廖月娟，译. 北京：机械工业出版社，2005：58.

等等。海明威曾在《午后之死》一书中写道："如果一位散文作家对于他想写的东西心里有数，那么他就可以省略他所知道的东西；读者呢，只要作者写得真实，就会强烈地感觉到他所省略的地方，好像作者已经写出来似的。冰山在海里移动很庄严宏伟，这是因为它只有八分之一露在水面上。"海明威作品的文体与结构，就是他根据冰山原理来创作的，形成了别具一格的艺术风格。

我们受到这两位大师的影响，于 2000 年开始把冰山理论的概念与德鲁克的领导观结合起来，对"冰山下的领导力"做了深入研究，总结出一套领导力课程，在企业界、非营利组织和教育界推广和应用。

2. 冰山下的领导力

"领导者是拥有追随者的人。没有追随者就没有领导者。"德鲁克对领导者简单明了的定义，却显出它背后的不寻常。什么样的人是追随者？是你聘请的人吗？是你的下属吗？也许是，也许不是。斯坦福大学教授、《基业长青》和《从优秀到卓越》两本畅销书的作者吉姆·柯林斯（Jim Collins）说："只有在人们有自由选择不追随你，但他们仍然选择以你为领导的时候，你才是真正意义上的领导者。"有些人刚离开领导岗位，前部下马上欢腾雀跃，感觉逃出生天了，做这样的领导有意思吗？

冰山上的领导力，倚仗的是头衔和权力，以自上而下的高压方式令下属屈服顺从。哈佛商学院教授约翰·科特（John P. Kotter）认为，管理者试图控制事物，甚至控制人，而领导者则努力解放人。真正的领导者很少运用正式权力，而是以自身的影响力来影响他人的积极性，让人们发自内心地追随。人们追随你，是因为你高尚的品格、情操，是因为你说到做到的办事能力，是因为你能成就他人，是因为对你信任。西方有句谚语："假如你不相信送信的信使，你会相信他传达的信息吗？"信誉是领导者的奠基石。

曾是美国西点军校领导力中心主席、美国德鲁克基金会创始人的弗朗西斯·赫塞尔本（Frances Hesselbein）女士在《赫塞尔本论领导力》（*Hesselbein on Leadership*）中一针见血地指出，领导力是关于如何做人（being），而不只是关于如何做事（doing）。我认为这是至关重要的有关领导力的洞见。先做人后做事，这与中国传统的儒家文化是一致的，齐家、治国、平天下之前是修身，假若自己都管理不好，又怎么可能领导好别人呢？请切记，领导力不是装出来的，不是冰山上的东西。假如一位校长的品德有问题而失去别人的信任，学习领导力也是于事无补的，因为不会有人真心追随一个戴着假面具的人。这是冰山下领导力的精髓所在，也是与冰山上那些以权术谋私、趋炎附势的所谓领导谋略、帝王之术的最大区别。

冰山下的领导力关注做正确的事而不是个人的利益，要求校长能清晰把握方向，对学校的使命、愿景、价值观和战略有深刻的理解，能主动引领变革，努力创新，而不是墨守成规。这样的领导者着眼于全局和未来，非常关注学校的人才开发与有效激励，时刻保持团队的高昂士气。

3. 学校的领导者

谁是学校的领导者？校长是学校的当然领导者，这是毫无疑问的，但这不是因为校长的头衔或职位，而是因为他的责任。德鲁克认为，“领导能力本身只是一种手段。因此，领导能力要服务于什么目标是最关键的问题”[①]。校长应该经常思考自己要在哪些方面做贡献，有哪些事是优先的要事，又有哪些事是非他做不可的。许多校长整天花时间处理问题，每天像个救火队员一样忙得精疲力竭。领导者需要更多关注机会，凡是与开拓未来、出现重大机遇、创新领域和人才发展有关的事，都应该优先处理。

还有谁是学校的领导者呢？教职员工可以是领导者吗？通用电气前 CEO 杰克 · 韦尔奇认为，在成为领导人前，每个人的成功只与自身的成长有关；而成为领导人后，成功则与他人的成功有关。能坐在校长的位置上，校长本人已证明了自身的能力；现在带领数十乃至数百位教职员工，最重要的是让他们成长，让每个人在各自的岗位上做出自己的贡献。校长需要经常思考如何激励学校的每一位老师，让他们成为领导者 —— 主动思考，敢于担当。开会时多说“我们”而不是“我、我、我……”，会为你带来意想不到的效果。

这样推论下去，学生可以是学校的领导者吗？家长也可以是领导者吗？假如与学生站在对立面，他们的破坏力既强又难控制，然而，当学生有机会参与学校的事务，为一些活动负责时，他们便会培育领导者的思维，负起爱护学校的责任。学生的活力和创意可以为整个校园的活动和氛围增添无尽的色彩和想象力。而家长是学校的宝贵资源。今天，许多家长受过高等教育，拥有丰富的社会资源，

① 德鲁克.管理未来［M］.李亚，等译.北京：机械工业出版社，2009：84.

让他们参与学校的活动和项目，既能减少摩擦和误解，增进和谐关系，又能提升办学质量。这样，校长就不会老是孤军作战，而是有能一呼百应的队伍共同前进。重要的是，校长思维的改变让学校每个人都成为领导者。帮助他人成功，学校也就更能成功。“管理学必须真正是人本主义的——人们有着共同的愿景和价值观，为共同的目标而工作，但仍然是独立行事。它必须将信息、知识、判断、价值、理解和期望集中于决断、行为、表现和结果。”①

让每一名教职员工、学生都成为学校的领导者是对领导力的重大考验。日本玉川学园位于东京都町田市，1929 年 4 月由日本著名教育家小原国芳创建。这所学校突破了应试教育的边界，其一大特色就是在整个校园里，除了需要高度技术而临时雇佣技术工人协助外，几乎全部事务都是由师生共同完成的，包括建筑、池塘、印刷、校对、开辟马路、整理花园、饲养动物，等等。学校的出版社只用了少数技术人员，其他如印刷、校对、发行、包装等都是由工读生轮流担任的。之所以能有这样的表现，是因为玉川学园全人教育的办学理念让每个学生、老师都在实质上成为学校的领导者。

4. 领导者的责任

领导者的主要工作是识人和用人，用德鲁克的话说就是用人所长，释放潜能。他认为，领导力就是将人们的愿景提升到一个更高

---

① 德鲁克：已经发生的未来［M］. 许志强，译. 北京：东方出版社，2009：73.

的境界，将人们的绩效提高到一个更高的标准，将人们的潜能发挥至极限。因此，设定清晰的目标是领导者的首要责任，目标包括学校的办学理念、使命、愿景和价值观，也包括学校的整体目标、部门目标和个人目标。这些目标中应该详细列出应该做出怎样的贡献。老师必须知道，他们在学校的目标下应该取得怎样的绩效，他们的直接领导也必须知道该如何要求及期待他们做出贡献，并依此来评价他们的表现。这样，老师就能按照目标要求自行计划工作，以自我控制的管理取代自上而下的专制式管理。知识工作者能够在自由和尊重的平台上发挥长处，在工作中获得成就感，他们便会自我激励和鞭策。相反，如果老师对目标不清楚，他们就会走偏，他们的努力也将付诸东流，学校里也将充斥困惑和挫败感，丧失团队的合作精神。

目标是建立在使命之上的，而使命的力量在管理学中是最易被误解和忽略的。“有效领导的基础是对组织使命进行全面思考，并且清晰、准确地界定和建立组织使命”[①]。许多校领导说他们有使命宣言：“你看，都清楚明白地挂在墙壁上了。”但许多人每天与其擦肩而过，视而不见，只知其然，而不知其所以然。使命是应该刻在每个人心上的，是学校每位成员都要时刻牢记的理念。使命指明了方向，是学校做什么和不做什么的依据，是学校存在的目的和原因，是战略的本源。时至今日，仍有不少校长不懂得重视学校的使命，这是严重的问题。使命并不是可有可无的，也不是抽象、漂亮的语句，使命中的每个字都应该是有血有肉、有故事，激动人心，让学校内

① 德鲁克. 管理未来［M］. 李亚，等译. 北京：机械工业出版社，2009：85.

每个人都能牢记和愿意为此奋斗的。好的使命能使人淡化对物质的单一追求，让人超越物质而追求人生的意义，让学校每位老师都认同和感到自豪，提升团队的凝聚力。要做到这一步，学校领导班子必须对自己的使命有足够的认识和重视，要利用不同场合和不同机会宣讲，以提高团队的认知度和接受度，让人在学校的每个角落都能感受到使命的气息。

没有明确统一的教育信念，成果就没法定义。苏联帕夫雷什中学从一所偏僻的乡村学校变成享誉世界的教育实验中心之一，与其“设计和造就全面和谐发展的人”的教育信念密不可分。校长瓦·阿·苏霍姆林斯基根据此信念拆解出来的直接成果可以体现在以下三个方面：

1. 培养学生的道德信念，进而让他们逐渐形成道德习惯。要求学生了解自己的行为和愿望对周围人的影响，珍惜和保存前人创造的财富，明确不劳动不得食的道理，拥有善良和同情心并尊重教师和父母，勇于同邪恶和非正义做斗争。

2. 培养学生的科学世界观、认识能力和创造才干。要求学生学习自然科学和社会科学的一系列知识，获得初步知识，掌握思考、发展和加深知识的方法。

3. 使健康、劳动和审美成为教育体系不可分割的因素。要求学生在健康、劳动以及审美方面的发展与道德、精神方面的发展相协调。

使命必须与学校的能力、社会各方的需要、能贡献的范围相匹配，它必须是能落地的。对已经存在数十年甚至上百年的学校使命或办学理念，校长要重新审视是否需要修订或赋予新的演绎、新的生命。想想在孙中山先生推动革命的时代，使命能达到让人“使上性命都愿意”的境界，便能明白使命的真实力量。

在这方面，学校可以向企业学习，因为企业很早就发现使命能统一来自五湖四海的专才的思想，使大家一起向着目标奔跑。

福特汽车公司在20世纪初定下“汽车要进入每一个家庭”的伟大使命，于是公司上下致力于提高生产效率和降低成本，引入流水装配线，发展出拥有良好性能且价格低廉，深受大众喜爱的T型车，使汽车这种曾经只有少数有钱人才能享用的代步工具，成为每个家庭都能负担和购买的交通工具，走进寻常百姓家。微软公司创办时的使命“让每个办公室和每个家庭的桌上都摆上一台电脑”（即每台电脑都装有视窗操作系统），激励了整个团队，特别是软件工程师们深入思考和发展易于使用、应用范围广阔的视窗系统和办公室软件，让公司在十数年间几乎独占了全世界的家用和商用软件市场，成就了非凡的事业。

使命决定整个组织的努力方向，既能统一思想，也能统一力量。耶鲁大学的使命是什么呢？该校在创立时有一个建校使命：“为国家和世界培养领袖。”耶鲁大学立志要培养世界级的领袖，并做到了，它成为老布什、小布什、克林顿等六位美国总统的母校，培养了500多名美国国会议员，为墨西哥和德国培养过总统，为韩国培养过总理，为日本培养过外交部长等，很多一流大学杰出的校长也毕业于耶鲁大学。的确，伟大的使命创造了学校的未来。

释放老师的潜能是校长的天职，但在现实环境中，许多校长却经常有意无意地妨碍老师的工作，让他们在困难和不顺畅的情况下饱受挫折。释放老师的潜能应先从观念开始，领导者需要学会正面看待每个人，肯定每个人都有不同的价值。发现或发掘每个人的潜能是领导者的责任，而正确认知是第一步。“管理解释了我们为什么能够雇佣大量有知识、有技能的人从事生产工作。这在人类历史上是第一次，过去的任何一个社会都做不到这一点。事实上，过去的社会只能供养少数这样的人，直到不久之前，都还没有谁知道如何让拥有不同技能和不同知识的人为了实现共同的目标在一起工作。”①

第二步是要尊重老师在工作中的贡献。绝大多数人都需要工作，不论地位高低，不论收入多少，人是天然愿意有产出，愿意做贡献的，以证明自己的存在和自身的价值。人通过工作找到满足感，既赚取收入，也赢得尊严。德鲁克说，管理的三大任务之一，就是要“确保员工的工作富有生产力，并且使员工有所成就，产生效益”。这里对“工作”和“工作者”的目的做了区分，管理必须既按照工作的逻辑设计，又按照从事工作的人的特点进行领导。工作本身并没有什么固定的逻辑，但有其动态性和多方面的内容，需要予以分析，综合成流程，进行反馈和控制。老师必须在生理、心理、社会和团体关系、经济、权力五个方面中的每一方面都有所成就，这样才能做出效率，有成就感。

① 德鲁克，马恰列洛. 管理：上册［M］. 辛弘，译 . 北京：机械工业出版社，2000：20.

尊重老师在工作中的贡献有多种多样的表达方式，关键是校长必须相信老师是愿意有所表现的。四川省成都市武侯实验中学教学楼的每一层都有许多教师的生动照片，全是有关教师的特写镜头。这些照片首先源自时任校长李镇西的换位思考：老师们在讲台上站了几年、十几年、几十年，甚至一辈子，他们在课堂上潇洒的身影印在了一届又一届学生的记忆中，但他们可能从未见过自己上课时的神态。于是，李镇西校长就在老师们上课时捕捉他们传神的一瞬，为他们拍照。这些照片不是通过逻辑而是通过同理心让师生感受到了强烈的共鸣和尊重，用细节释放了老师们的成就感，表达了对老师们的尊重。

校长要为老师的任务赋予意义，让老师在工作中富有创造性并尽力改进教学工作，能对变化做出积极的反应，而不是只会机械地完成任务。校长要经常表达对老师付出的尊重，及时肯定他们的贡献，对经常接触学生和家长的一线教职员工，尤其要认真倾听他们的建议，观察他们的做法，适当地采用这些建议和做法，让他们感受到成功的喜悦。

第三步是关心老师的自我价值感。领导者要给老师锻炼机会，特别是承担新任务和有挑战性的工作以证明自己的能力。德鲁克认为，每个组织都要订立高度绩效，带领团队攀登他们从未想过能到达的高峰。让老师做低于他们能力的事，比要求他们做高于他们能力的事更危险。社会上有些人离职的原因，是工作缺乏挑战性，从中便能明白这句话的道理。校长要创造一个可以不断学习新技能、新知识的工作环境，让老师持续学习，避免他们知识透支；同时要鼓励老师在工作环境中不断释放自己的经验和知识。其实，对知识工作者来说，工作本身就是很大的激励。

湖北省宜昌市点军区点军小学有这样一个案例，是关于培养老师成为学校领导者的。该校政教处反映入校门禁系统不太方便，学生操作麻烦，很多班主任颇有微词，请示升级门禁系统。因为涉及调资等问题，需要咨询班主任的意见。会上，政教主任向各位班主任细数了老师们反映的种种不便，表示准备升级，并介绍了升级时需要班主任承担的工作。多数班主任眼神迷惑，不太关注，估计以前“我讲你听，我说你做”模式经历得过多，老师们的参与意识没有调动起来。于是，校领导改变策略，请班主任分步骤讨论两个问题。

1. 门禁系统存在哪些问题？

2. 升级面临哪些挑战？

讨论后表决。80% 的班主任认为“条件不成熟”，应“暂缓”，于是这项工作就有了结论。接着讨论：存在的各种不便如何规避？群体的智慧是无穷的，班主任老师们提出了很多可行的方案。对暂时没办法解决的困难，老师们表示理解，可以克服。事情不大，也不复杂，但一些老师却深受激励，觉得受到了尊重，并愿意参与到项目中。懂管理的校长对学校的许多决策，常问计于老师，这能促进彼此沟通，提升老师的参与度和信任度。就连校报栏目的设计、校服样式的选择，也咨询师生的意见，在凝聚群体智慧的同时，让老师们感觉到学校里的大小事情都跟自己有关系，从而培养他们对团队的认同感和归属感。这是真真实实地以老师为本，是培育领导者的良方。

5. 领导者的能力

领导者不是无所不能的英雄，不可能面面俱到，但德鲁克认为，有四种能力是每位领导者必须具备的。第一种重要的能力是倾听。我所遇到的校长大多数都很能讲，而倾听能力较弱，经常因此错失同事意欲传递的重要信息，挫伤他们的士气。倾听不是一种技能，它需要的是自律，就是把嘴巴管紧。第二种必要的能力是交流、沟通的意愿。要愿意耐心让他人了解你的意思，而不是猜测、揣摩你的意图，结果导致误解和低效。有时候领导者需要一再重复自己的想法，反复解释要传达的意思，特别是与办学理念、价值观和战略规划有关的事情，千万不要假设你说一遍大家就能理解并记住，这是不切实际的。第三种能力是正视问题，不回避。领导者不应避重就轻跳过问题，事情不做则已，要做就要做得尽善尽美，出现问题时不推搪，敢于担当。第四种能力是个人服从于任务需要的意愿。要认识到与任务相比，个人是很渺小的。领导者需要客观公正，服从工作需要而不把个人利益凌驾于任务之上，要努力建设学校而不是建立自己的王国，帮助学校持续成功，完成自己在任时的光荣任务。

领导力是一种艺术，是每位领导者一生都要修炼的能力，学习领导力是一种人生历程。

问题思考

1. 你认为今天校长在学校里的角色与过去（比如20年前）最大的不同是什么？是什么导致这种变化？

2. 对年轻的老师团队，你认为最适合的领导方式是什么？

3. 请举例说明你是如何释放老师的潜能的。

第 3 章 变革的引导者

在面临巨变之际，如我们现在所处的时期，变革是司空见惯的事情。当然，变革是令人痛苦和需要冒风险的，需要做大量艰苦卓绝的工作。但是，除非组织以引导变革为己任，否则任何组织，包括企业、大学或医院等，都不能幸免于难。在一日千里的结构性调整浪潮中，唯一能够幸免于难的只有变革的引导者。

——德鲁克《21 世纪的管理挑战》

第 3 章《变革的引导者》

在变革来临之时，一切皆有可能。主动求变，目的是要开创未来，选择自己要走的路，带领学校进入与别人不一样的新世界。可惜有些校长对待工作的态度往往是力求安稳，追求在常态下工作，只顾保持现状，只顾低头处理问题。

然而，维持现状，只修补常态中的漏洞往往是事倍功半的，因为常态只是昨日的现实，在校长做决策或行动时，常态下的举措往往已经过时了。学校的领导者，不能等到明天才开创未来，未来需要今天去开创。

未来大多是由那些与当前任务有关的决策和行动开创的。反之，所有为了开创未来而做的事，也会直接影响现在。

一、变革思维

时刻关注内部和外部的变化趋势，并在变化带来冲击前有所预见和规划，是每位校长的重要责任。一个组织无论多么强大，如果忽视现实的改变，最终就会像恐龙一样绝迹。变革的引领者对变化有正确和正面的认识，明白自己无法左右变化，视变化为机会，走在变化的前面。引领者会主动寻找变化，拥抱变化，知道如何发现合适的变革良机，了解如何在组织内部和外部发挥引领变革的作用。“对于未来，我们只知道两件事：未来是不可知的；未来与现存的事实和我们现在的希望截然不同。”[①] 因此，尝试去预测未来会发生什么事，是没有意义的，我们能够合理推断的，是那些已然发生的、不可逆转的事件在将来会产生什么影响，即变化的趋势，也就是德鲁克所说的“已经发生的未来”。

关注外部的变化并能主动拥抱变化是变革引领者的特质。从2000年开始，叶翠微校长带领下的浙江省杭州市第二中学顺应政府和社会的发展需要，进行了三次改革，每一次都是在准确理解“已

① 德鲁克. 成果管理［M］. 朱雁斌，译. 北京：机械工业出版社，2006：189.

经发生的未来”基础上进行的。第一次，利用杭州市委市政府、市教育局新建杭州市第二中学寄宿制新校区的机会，对老校区进行体制创新，将其办成国有民办分校。第二次是顺应浙江省，特别是杭州市对外开放的需要，主要解决一大批境外人士子女入学的需求，通过向政府借贷，与美国国际学校合作的方式创办了占地35亩、投资5000万左右的国际部。第三次是在2003年，利用民营企业家的资金优势，输出品牌创办了杭州市第二中学树兰实验学校。

引领变革的目的，是创造未来，校长要思考今天应该为学校做些什么事情，学校才能拥有明天。应系统性地寻找和预见变革的征兆，特别要密切关注任何重大的结构性变化，包括社会、经济、人口、知识、文化和科技等领域，它们都是变革考量的重要依据。本书写在新型冠状病毒疫情持续的日子里，全球性的影响将永远改变人类的生活和世界秩序，这对教育系统来说又意味着什么呢？老师的角色、教学模式、课程设计，教师队伍培训内容，学生的自主学习能力、自我管理能力，家长对远程线上学习的态度，家庭教育应承担的角色，信息技术的掌握，校内软硬件的需求和更替等，都有巨大改变，需要重新认识。世界卫生组织总干事谭德塞说，新型冠状病毒将与人类长期共存，会伴随地球上每个地区和每个人。为了未雨绸缪，校长主动引领变革是责无旁贷的。

二、变革的原则

德鲁克提出，必须遵循四项变革原则。

1. 有组织地放弃昨天。
2. 有组织地改进。
3. 有组织地挖掘成功经验。
4. 系统性地发现创新机会。

1. 有组织地放弃昨天

放弃昨天是推动变革的第一个原则，同时也是其他原则的基础。我们首先需要解放资源，即放弃妨碍提高绩效和创造成果的项目，改变资源投放的方向。许多学校为了留住明日黄花的项目，例如每年例行的活动和落伍的设备等，会继续盲目投入大量资源进行挽救，甚至配置最稀缺、最宝贵的资源和最能干的人才去艰苦经营。然而这些朝向错误方向的行动最终只会一事无成。

留恋过去，结果就是被时代淘汰。变革的引领者会定期对学校的每一门课程、每一种教学方法、每一种学生服务、每一类型服务对象、每一种教学设备、每一项技术和每一个工作流程进行重新审视。校长需要认真问这样一个问题："如果当年我们没有这样做或这样投入，在了解到现在所处的情况后，我们还会这样做吗？"若答案是否定的，我们便不要再说"让我们再研究研究吧"，倒是应该问："现在该做什么改变呢？"因此，进行学校变革第一项要采取的行动就是主动放弃过去。

在以下两种情况下，彻底放弃就是正确的选择。

（1）学校要为一些已走下坡路或奄奄一息的课程、项目、事务或流程投入很大精力，浪费精明能干的人才，导致新发展受阻碍或被忽视，这时放弃就是恰当的选择。

（2）某些曾经投放大量资源的硬件或软件，今天只有很少的使用量，或是在低效地运作，维护费用又特别高昂，这说明它们已变成没有多少价值的鸡肋，属财务中的沉没成本，就应及时放弃。

有组织地放弃昨天需要整个学校与时俱进。当瑞典高中建立了以课程为基础的评价原则时，首都斯德哥尔摩的南拉丁中学迅速做出改变，彻底改变了过去学生学完单科或期末进行评定的做法，改为每门课程都完成以后才予以评定，学校将对学生的评价分为四个等级：不及格、及格、良好、优秀。另外，除了以学时为确定课程计划是否完成的标准外，还引进学分制。学生通过一门课程的最低要求，即可获得一定学分。学校把对学生学习的评定视为一个连续的过程。高中毕业时，学生将获得毕业证书，证书上将记录高中所学全部课程的成绩。

那么，应该如何放弃？这个问题更容易引起争议，解决起来也更困难。“放弃什么内容”和“以什么方式放弃”需要系统进行，因为放弃从来都不是“受欢迎”的政策，人们总是会推迟实施放弃。不愿意改变旧的做事方式或体制是人性的特点，因为人们都喜欢做习以为常的事情。任何改变都会对利益相关方产生影响，因此变革经常会遇到人们的消极态度，甚至抵制和反抗。放弃前，要与相关的同事有充分、良好的沟通，让他们参与讨论，看到问题的原因和后果，主动接受放弃的行动。在大部分情况下，我们不要冲动地引发一场革命，有计划的演变比翻天覆地的革命更容易被接受，因此有计划的放弃应该先在小范围内试点，以减少失误的概率。

2. 有组织地改进

要想有组织地改进，首先需要界定清楚学校对质量的要求是什么，绩效是由哪些因素构成的，如何可以有组织地改进和提升绩效。在目标清晰后，通过各方面持续不断的改进，学校最终可以转变运作模式。这些模式将带来课程创新、服务创新、流程创新、管理创新等。

德鲁克提议，要让管理团队和组织内每个成员都养成改进的思维和习惯。其中一个有效方法，是要求每位教职人员固定在学期初的年度工作计划中，提出 1 — 2 项改进目标，在年底时再跟进和追踪效果，并给予合理的激励。借此养成教职人员有组织地持续不断地改进工作绩效的习惯，最终带来根本性的变革。

位于美国加利福尼亚州圣迭戈市的林德伯格小学可谓既尊重教育传统又不断突破进取的典范。这所学校最具特色的创新点是他们有两种制度：一种是旧制学校，实行传统的教学方式；一种是新制学校，实行新式教学方式。两种学校教育制度在一所学校中同时存在，一方面，有利于鉴别比较，取长补短，共同提高；另一方面，也能为将来开发新型学校模式提供实际经验。

3. 有组织地挖掘成功经验

每所学校在日常工作中都会出现意料之外的成功，也就是出来的结果不是原先计划内的，但却得到了学生、家长、老师甚至社区的高度认可。由于这些意外的成功通常都是静悄悄地来的，需要领导者保持警觉，有组织地去挖掘意外成功所带来的新机会。例如，新形式的家长会、增加了新元素的学校运动会、图书馆对社区开放的借阅方式、创意校园的公开参与等，都可能带来意外惊喜。德鲁克给出的建议，是在每位员工的工作月报的第一页上，开辟“机会识别栏”，列出日常观察到的意料之外的成功、留意到的改善机会、学生和家长的新需求、有潜力的优秀人才名单等，然后有意识地安排意愿积极的人员去负责推进。

4. 系统性地发现创新机会

前面三项变革原则——有组织地放弃、有组织地改进、有组织地挖掘成功经验都能发现创新机会，接着便是从七个机会窗口（意外事件、不协调、流程的薄弱环节、产业结构的变化、人口的变化、价值观念的变化、新知识和新技术，详情请参考本书第五章《学校创新的 DNA》）去分析创新机会，让学校明白创新不是灵光乍现，也不仅仅是高层管理者的工作，而是学校内每个人的责任。

三、变革的陷阱

变革的陷阱主要有以下三种。

1. 不符合战略和环境现实的变革

学校的变革必须考量学校内外的基本现实条件，包括学校内部可支配的资源、人才和人力是否匹配、团队的认知态度、外部的政治和政策变化、人口趋势的变化、家庭环境和家长背景、家庭可支配收入的变化、主管单位及社会对绩效评估的变化、学校竞争优势变化、社会价值观认知的变化、科学技术的变化，等等。要变革成功，便不能脱离这些现实条件。

2. 混淆创新与新奇

学校不是为变而变，任何没有创造新价值的创新，其实都是自娱自乐的面子工程。先要搞清楚谁是变革的主体，他们需要什么样的改变。新的课程、新的主题、新的技术、新的设备都很吸引眼球，但这些是真有价值的创新，还是赶潮流、不实用的小玩意儿？

上海市建平中学的一个重大创新是建立教育集团。这个变革的初衷是时任校长冯恩洪一直想改变老师们“为升学率辛苦”的弊端，要让学生从繁重的作业劳役和对考试的恐惧中解放出来。正是基于这样的思考，建平中学决定组建教育集团，把小学升初中、初三升高中、高三毕业班加起来至少两年为升学而重复学习的时间用来发展学生的特长，增加他们的新知识和新技能。建平教育集团就是在这个背景下建立起来的。

3. 混淆计划与具体行动之间的界限

许多变革方案经过精心设计，但在执行时却以失败告终。究其原因，是行动与计划脱节。如果领导层只管方案设计，而忽略如何具体执行、计划如何落地，就是对计划功能的错误理解。学校教育改革是根植于现实土壤的改革，没有阻力是不可能的，而且目标越远大，遭遇的困难就会越大。如何行动与变革方案设计应该同步进行，在考虑方案的同时，便要考虑如何执行：做什么？谁来做？如何做？什么时候开始？什么时候产生结果？如何评估绩效？从一开始，领导者就要考虑计划是否可行。计划与行动是硬币的两面，是同体的。

四、变革的秘诀

变革的秘诀主要有以下四个。

1. 制定两套预算

两套预算，一套针对原有传统任务，另一套针对变革创新任务。德鲁克指出，人们总是会情不自禁地将更多财务资源和精力投放在处理问题上，总是认为创造未来的事情是可以缓一缓的，先头痛医头，脚痛医脚，这样的侥幸心理往往会扼杀变革的机会。

两套预算代表了两种不同的思维模式：现有业务需要节约保守，控制投入，量入为出；创新项目需要大胆尝试，加大投入，为明天创造发展空间。因此，第一套预算是为了维持现有任务所需要支付的费用，而第二套独立的预算是为了确保变革能够持续进行。因为在现实中，当学校面临问题时，最常见的就是先削减创新项目的经费，调去支持解决问题，认为变革的事情可以先等等，结果为了今天的问题而扼杀了明天的机会。

2. 进行小规模的变革试点

经验告诉我们，现实总是与最初构想有很大差距。不管多么周全的计划，在实际执行时往往都会有出人意料的事情发生。因此，变革计划要成功，第一步要做的是先找到愿意尝试创新的伙伴。他们明白也接受变革的需要后，先进行小范围变革，做出成功范例，再吸引其他团队的认同和参与，然后全面推开变革的步伐。这样做的优点是速度快、成本低、成功率较高。

小规模变革试点是大规模变革的起点。1987 年，上海市建平中学提出了“按程度分层次教学”的必修课改革方案，没想到在讨论中出现了大量不同意见，老师们担心改革动了必修课而影响学校的升学率。学校领导在教职员工的认识未统一之前没有强行变革，而是后退半步，把原先打算在高一实施的方案放到初一进行试点。后来的教学实践证明，这一改革方案能很好地促进学生特长的发展，为学生的自主发展提供了全过程、全方位的保障，也获得了老师们的理解和支持。被实践“肯定”后，学校迅速把它推向全校各个年级。

3. 确保信息畅通与建立信任

沟通与信任是成功变革的桥梁，校长应确保伙伴们了解为什么要变革，变革会带来什么好处，会对工作和生活产生什么影响。有时候，我们对顶层设计有误解，认为重大事项只能让少部分人知道。然而，事情若牵涉整体利益，及时沟通是极为必要的。人们如果看不懂所处的环境，不了解正在发生的变革，不仅无法做出应有的贡献，甚至还会猜测、厌恶和抵制，从而造成内耗。变革既应自上而下，也要自下而上，当人们理解和信任变革时，便能上下一心，水到渠成。

为了确保信息畅通，校长要用直接或间接的方式收集反馈信息，包括每位受变革影响者的整体感觉、喜欢与不喜欢、需要与不需要的想法等。走出去进行现场实地观察是最好的沟通方式，要谨记“让他人了解我是我的责任”。

4. 在变革和延续之间保持平衡

每所学校都有它优良的传统和历史，变革并不等于把过去的一切断然推翻，加以否定。变革失败是变革与维持延续性之间失衡的一种结果。校长要将持久的关系建立在不断变化的合作关系的基础上是不容易的，需要不断做好信息沟通工作，通过有效组织，将这些关系发展成为长期的合作关系。无论社会还是学校，都必须实现变革与延续之间的平衡。一个不能自我更新的社会、组织和个人，都将变得僵化和腐败。

五、变革引领者应扮演的角色

变革引领者应扮演以下“角色”。

领导者对变革的态度和实践是成功变革的关键，因此，校长必须对变革有正确的认识，并在团队中建立变革的意识和文化。

领导者要把变革工作看成一种使命而不只是一种职能，因此，校长不能把变革看成一份可有可无的差事或兼职，求变的思想要植入血液中，主动求变是校长的天职。

领导者要能经常以身作则激发创新的想法，为学校注入活力，敢于尝试，积累经验，汲取教训。对任何创新建议都要保持开放心态，容许并接纳团队因尝试创新而犯的合理错误。要记住，愈进取的人愈容易犯错。

领导者的首要职责是倾听，而不是喋喋不休。校长应该认真对待各种想法，不随意扼杀所谓“不切实际”的新想法，特别需要肯定一线和年轻教职员工的意见。

领导者需要在学校内建立学习型组织，建设团队持续学习的文化，让教职工能与时俱进，以适应新时代的变化。

在众多学校的变革引领者中，焦憬校长给我留下了深刻的印象。她温和谦逊的性格与坚定不移的变革精神、执行力显得有点儿方枘圆凿，但她真的把河南省郑州市金水区南阳路第三小学彻底改造了。诚如她所说："创新一种管理，成就一种学校。"当初焦校长接手的不是一所传统名校，更不是一所窗口名校。它的前身是一所村办小学，外来务工人员随迁子女占全校学生的47%，而周边都市村庄生源占总人数的38%。刚到学校时焦校长的印象是学校地方小，发展空间有限，缺乏发展愿景；老师专业水平一般，没目标，不自信，缺乏活力；学生唯唯诺诺，基本素质低。

焦校长受冰山下的校长领导力课程启迪，积极思考谁是学校的真正领导者，锐意改革，把学生、老师和家长都激发起来，共同参与变革。焦校长让学生参与教学质量监控与督导工作，对作业批改有发言权，由学生发现作业的优缺点并推荐优秀作业，提升了他们对作业的评鉴能力和自我要求；狭小的学校地面上到处是难看的井盖，学校便让每个班级认领一个，授予他们设计和美化权，于是校园变成五彩缤纷的艺术创作园地。基于民主、开放、尊重和信任的自我管理氛围，释放孩子自我管理的潜能，使学生变得自信有礼，懂得爱惜公物，校园里到处都是欢声笑语。

对老师，则是帮助他们达成工作目标，让他们看到自己的价值和成长。最后，家长也被邀请参与学校的志愿工作：有参与学校决策的；有义务护送孩子上下学，保障他们过马路安全的；有在活动中帮忙做台前幕后工作的；有组织微信家长群互通信息的。

焦校长在变革过程中明白了有限的校园，也可以有无限的格局。

职业教育人需要付出实践勇气和责任，在学校里留下印记。

问题思考

1. 在教育改革的背景下，目前你所在的学校正在进行哪方面的变革？为什么进行这样的变革？

2. 计划中的变革具体是如何推行的？请与德鲁克的指导做对比。

3. 变革最大的障碍是什么？你将如何克服？

4. 作为变革的引领者，你有什么深刻的体会？

中篇

学校的管理

第4章 学校发展战略规划

似乎，没有什么事情比回答“我们的事业是什么”更简单了。钢铁厂生产钢铁，铁路公司经营货运和客运业务，保险公司承保火险。的确，乍看之下，这个问题是如此简单，以至于很少被人提起，也正因为答案看起来如此明显，很少有人会认真回答这个问题。

事实上，“我们的事业是什么”从来都是个困难的问题，只有经过努力思考和研究之后，才答得出来，而且正确的答案通常都不是显而易见的。

——德鲁克《管理的实践》第6章

《我们的事业是什么，我们的事业应该是什么》

学校的领导者需要经常深入思考，今天必须做什么，才能为学生、为教师、为学校、为社区、为国家、为人类赢得明天。

制定学校的战略规划就是构想学校的长远发展蓝图及行动路径，包括学校的定位、核心竞争优势、课程领导力、教学创新与实施、人员发展、政策和环境的配合、转型和创新变革等。

制定战略规划就是做战略决策，对不同的事件做出选择和取舍。在战略上，选择不做什么与选择做什么同等重要。战略规划要形成一套专属于学校的运营活动。

系统的战略规划能帮助学校创造未来，但创造未来的重点是“现在”。只有做好现在，才能拥有美好的未来。因此，预测未来是没有意义的，只有立足现在，通过今天所做的决策和行动，才能更好地创造未来。

一切战略都要围绕创造成果，即创造价值而进行，而学校的成果来自外部——满足学生的需求，而不是来自内部。

一、战略的本质

学校的未来会怎样，是由现在的决策决定的，是今天行动的结果，其中也包含伴随的风险。战略规划并不是用事实来代替判断，也不是用科学来代替管理者 —— 人，它甚至不会减少管理能力、勇气、经验、直觉乃至预感的重要性和作用。战略并不一定涉及最佳做法，战略是选择什么样的做法可以使你与众不同、独一无二，通过不同的方式开展竞赛。

战略规划的系统性，能强化管理者的判断力、领导力和远见，它意味着风险的承担，要采取的行动和资源的有效配置，尤其是人力资源的有效分配。不要企图去追求一个尽善尽美的战略，世界上不存在完美无缺的战略，再好的战略也和风险紧紧相连。一个刻意规避风险的战略，往往是一个低劣的战略、一个一事无成的战略。做决策又往往与校长的勇气有关。决策过程无法用科学方法代替，因为它是一个理性判断的过程，其他参与者的理解和努力程度对成果也有举足轻重的影响，所以决策方法愈是合乎理性，愈是有组织，愈是以知识而非以预言为依据，愈是有效。最终结果不是知识或理论，而是可执行的战略，其目的是马上能行动。

二、长期与短期战略规划

所谓长期和短期，不是指决策时间的长短。一项决策即使只需数个月便完成，也不一定就是短期规划，要区分它是长期规划还是短期规划，要看该决策的时间跨度和对未来的延伸性——需要多长时间才能产生效果和影响，以及它们能延续多久。短期规划和长期规划一样需要有战略性。实际上，长期规划大部分是由短期规划构成的，长期规划如果不以短期规划为基础，又不把短期规划融入其中，那么再详尽的规划也必将是纸上谈兵；相反，短期规划如果没被纳入一致性的行动计划中，那么它就只是一种揣测和权宜之计而已。由此可见，长期与短期战略规划是彼此依存、相互影响而不是各自为政的决策。

德鲁克认为，战略规划主要涉及，为了达成未来的目标，我们现在必须做什么决策，因此需要从三个问题出发。

1. 我们的学校是什么？
2. 我们的学校将来会是什么？
3. 我们的学校应该是什么？

长期规划的背后，是以"我们的学校应该是什么"为基础的，它与"我们的学校是什么"和"我们的学校将来会是什么"不同。在做战略规划时，必须分别就这三个问题进行思考。对"我们的学校应该是什么"，德鲁克说，第一点假设就是"它必然与今天有所不同”，因此变革将是常态。管理者要避免盲目地把目前的一切做法延续到未来，更不能假设今天的课程、服务、技术、学生、家长、老师和社区与未来是一样的，更不能动用一切资源和能力来捍卫昨天将要褪色的光环。而凡是已经规划的事情，都要立即成为工作、投入行动，否则永远都只是美好的意愿罢了。

荷兰黑浮森中学有90多年建校历史，是荷兰历史上最具实力的重点学校。这所学校的长期战略首先是建立在对“我们的学校应该是什么”的持续思考上的。

荷兰面积小，宗教派别和信仰复杂，与周边国家有着千丝万缕的联系，是一个非常典型的多种语言并存、多种文化交融的国家。为此，黑浮森中学认为自己必须承担全面提高荷兰教育质量的使命，让每一个人都能够适应复杂的国际化生活环境，成为欧洲乃至世界公民。

为此，黑浮森中学办学特色鲜明，崇尚人格塑造，以培养全面发展的高质量学术研究型毕业生为目标。学校自初三开始分科，学生有四种选择：经济、理科、医学、文史。同时，老师会根据学生的天赋、特长推荐选修课程。另外，黑浮森中学还有一些特色必修课，如艺术欣赏课、宗教信仰课、为人处事课等。2006年更是首开先河，开设了汉语班，参加中文课程的学生大多希望日后专攻经济课程，希望能够多了解中国这个经济巨人的语言和文化。

“我们的学校将来会是什么”是在哪里都能学习的课堂，是培养学生自我管理能力和学习能力的地方，是在虚拟世界中与学生保持紧密联系的地方。而“我们的学校应该是什么”关乎未来会是什么样的世界，就因为这是不确定的，因此教育必须回归初心，教育在本质上不是单向传播知识。学生的学习动机、学习能力、学习方法、获取新信息的能力，学生之间的互动互助，持续学习等都是未来学校需要关注的领域。

三、战略规划不是什么

战略规划不是科学方法在决策中的应用。它是思想、分析、想象和判断的应用，是一种责任，而不是技术，不能定量化地用计算机程序编出。虽然有时候一些环节是可以定量化的，但却不可能都用定量技术来处理，有些重要领域，如政治气候、社会责任、道德伦理、人力资源发展，甚至课程质量、教学创新、教师水平等，都很难定量化。

战略规划不是预测。它并不掌握未来，实际上也做不到。未来是不可预测的，战略规划之所以很有必要，正是由于我们不能预测未来。只有通过创新和变革的战略规划，校长才能主动改变学校未来的发展轨迹。

战略规划不是为未来做决策。它涉及的只是当前决策的未来性。战略决策者所面临的问题，不是他所在的组织明天应该做什么，而是我们今天必须为不确定的未来做些什么准备工作。关键不是未来将会发生什么，而是目前的思想和行动，应该包含什么样的未来性，考虑什么样的时间幅度。

战略规划不是企图消除风险，甚至也不是企图使风险最小化。战略规划能够帮助学校承担“应该承担的风险”，并提高承担更大风险的能力，这也是提高学校发展安全性的保障途径。因此，我们必须了解可能承担的风险，在各个行动方案中合理选择最优决策。

四、战略规划是什么

战略规划是从事下列各项工作的一个持续过程。

把“创造成果”放在最核心的位置。就像出海远航的船只需要指南针给予方向一样，学校需要时刻根据战略规划给自己纠偏，调整方向。这里所说的“成果”，指的是学校为学生创造的价值，满足学生的需求，内涵由校领导按办学理念和价值观界定。

创造一种独特、与众不同、有竞争优势的战略定位。应系统性地培养若干核心竞争力，并不断演变和改进。学校要做出自己的特色。这意味着有目的地选择一整套不同于其他学校的办学理念、文化、课程特色、教学模式和学生活动等，有意识地提供不一样的价值组合。

要想创造成果，就要靠挖掘机会，把关键机会最大化，而不是解决问题。机会最大化需要学校把自身的优势发挥到极致，并且在自己的弱势、不足的方面挖掘潜力，着眼于未来。应牢牢地把握住重大机会，而不是把注意力放在解决琐碎的现实问题上，重复出现的问题要用管理制度完善，校长只为重大决策操心。

一所学校能从优秀走向卓越，一定是几代管理团队共同努力的结果。苏格兰北部的戈登斯敦学校是库尔特·哈恩博士于1934年创办的，目前已经发展成为英国一流的私立学校。责任、挑战、服务和国际主义是这所学校的四大基本原则。学校根据这四大原则培养学生的自立能力和劳动能力，终极目标是培养能够在瞬息万变的世界中全面发展、积极进取的国际公民。戈登斯敦学校的历任校长及老师都将这四大原则奉为圭臬，使得学校发展方向坚定，从而可以不断把握重大历史机遇。

定期、系统性地做取舍。因为任何一种战略都不能持久，领导层要经常主动做出选择和改变，让竞争对手无法模仿和超越。简单地说，战略规划就是在做什么与不做什么之间做取舍。

战略规划让我们正面认识风险，客观评估并储备承担能力。校长需要主动创新，甘于冒不确定的风险，培养优秀的企业家精神，并让这种精神在每一位教职工中贯彻。

战略规划将学校所有项目和活动有机地组合起来，而不是简单地将各单项活动凑合起来，因此，学校的竞争优势来自各项活动的整合。

五、战略规划蓝图

1954年，德鲁克提出事业理论，列出五个所有组织都必须认真思考和回答的核心问题，坊间普遍称为“经典五问”。这五个问题是战略规划的蓝图，是历久弥新的管理智慧，是每个领导者要定期反复思考和重新界定的“新现实”。同时，这五个重要的问题又是一套定期自我评估的工具，是“确立计划并帮助自己的组织成长为‘业界领头羊’的过程。……自我评估能将良好的意向和有用的知识转化为有效的行动——不是在明年，而是从明天早晨开始”[①]。五个问题如下。

1. 我们的使命是什么？
2. 我们的服务对象是谁？
3. 我们的服务对象重视什么？
4. 我们追求的成果是什么？
5. 我们的计划是什么？

1. 我们的使命是什么

德鲁克原来的问题是：“我们的事业是什么？”实际就是谈使命的。大部分学校都有自己的使命或办学理念，但很多不是已经落伍便是不能落地。学校办学的目的是什么？大家为什么做现在做的事情？这是校长和全体教职人员的信念依托吗？使命之所以重要，是

① 德鲁克，赫塞尔本，库尔. 德鲁克经典五问：历久弥新的领导智慧［M］. 鲍栋，刘寅龙，译. 北京：机械工业出版社，2016：11.

因为它事关学校存在的意义和目的，它是战略规划的依据，是成果的评估检验标准。

怎样确定学校的使命？要准确定位使命是不容易的，它需要反映学校的核心竞争力、面对的机遇和对外界的承诺，因此学校要找出自己的优势和劣势、机遇与威胁，以及可以在哪些方面做贡献。SWOT 分析法既能帮助人们客观找出外部机遇和威胁，又能平衡内部优势和劣势，是一种有效的管理分析工具。使命要与时俱进，校长要定期思考学校的使命是否需要重新修订。理想的做法是与核心管理团队共同讨论，在讨论过程中一起界定新的现实，集体拥有、怀抱新的使命。使命不应是专属校长个人的理想，这样可减少将来在沟通和接受上的障碍。

2. 我们的服务对象是谁

这是一个看似容易，却又不易回答的问题。学校不是为存在而存在，只有为服务对象创造了价值，它的存在才有意义。学校的服务对象是学生吗？是老师吗？是家长吗？是职工吗？是上级主管单位吗？每个组织的服务对象明显都是多元的，但我们需要界定谁是首要服务对象，谁是支持性服务对象。这没有标准答案，学生或老师都可以被选为首要服务对象，但相应的资源调配和工作重心就会非常不一样。若学生是首要服务对象，校园设计与安全、课程设计、学习方式、活动选择和设计、升学与生涯规划、职业辅导等都会以学生为本；若是以老师为首要服务对象，则老师的选拔、培训、薪酬激励、职业发展路径、个人生活和家庭需求等就会是规划和资源配置的重心。学生和老师的需求及认知价值是不同的，这样一来对结果的定义也是不一样的。服务对象是谁也会影响我们的接触方式和推广策略，要注意的是服务对象是随着时间和环境变化的。最后，还要弄清楚谁是非服务对象，不至于因此浪费时间和资源。

在服务对象清晰后，便要定期观察他们是否发生了变化，到底发生了什么变化——年龄、性别、数量、教育程度、经济情况、居住地点、工作地区、行为偏好、价值取向等，并思考这些变化对学校来说意味着什么。

3. 我们的服务对象重视什么

既然学校要为服务对象创造价值，那学校做的事情是否为他们带来价值就非常关键。服务对象的认知价值究竟是什么呢？也就是说，他们重视的价值是什么？德鲁克说，可以先从假设出发，再直接向服务对象求证，找到差距，列出清单。家长究竟为什么选择某所学校？学生为什么每天愿意来上学？老师们因为什么原因对工作感到兴奋？上级主管单位是如何评价区域内的学校的？服务对象需要满足的需求往往不是表面物质的东西，因此需要深入探讨。事实上，服务对象一般说不清自己真正需要什么，但他们见到变化时便能立刻分辨出来，因此高明的做法，是由学校主动创造和满足服务对象的潜在需求，就像乔布斯领导下的苹果公司和中国著名餐饮品牌海底捞火锅店一样采取积极主动的态度，为客户提供超过他们期望值的产品和服务。

如何主动创造和满足老师们的潜在需求？中国人民大学附属中学刘彭芝校长的做法，是建立一个广受称道的用人体制，包括用崇高的理想激励人才，用宏大的事业凝聚人才，用合理的待遇奖励人才，用深厚的感情留住人才。这些都是老师特别关心和期待的，刘彭芝校长为此不遗余力。比如，学校特别重视给老师提供学习和培训的机会，青年教师经常赴韩国、新加坡、日本、澳大利亚、埃及、泰国、俄罗斯等地交流学习；比如，教师们承担了几十项国家级教育课题，其中很多都与教育改革、学生创造力培养有关；比如，学校还专门开设“教科研园地”，为教师提供交往的平台，等等。这些具体的行动令整个教师团队备受鼓舞。

4. 我们追求的成果是什么

在回答上面三个问题后，学校的战略蓝图便可清晰地被定位。统一了目标和方向，接下来便要把服务对象及其认定的价值与学校追求的具体成果对应起来。每一个工作者都想看到努力工作产生的成果。成果分长期成果和短期成果，可根据目标管理的 SMART 原则来设立衡量标准。

S（Specific）：绩效指标必须具体。

M（Measurable）：绩效指标的数据或信息可以衡量。

A（Attainable）：绩效指标是合理、可以实现的。

R（Relevant）：绩效指标要与学校其他目标有一定的相关性。

T（Time-bound）：绩效指标必须有明确的时限。

指标之间要彼此关联，相互之间要平衡，能兼顾长期和短期。指标要向上负责，向学校的使命达成负责，向校领导的目标达成负责。每位教职人员都要问：“为了实现学校的使命，我应该做什么贡献？我能做什么贡献？我能为谁做贡献？”

5. 我们的计划是什么

任何没有行动的战略规划都只是纸上谈兵，计划的目的就是设定行动步骤。计划是围绕学校的使命展开的，应通过具体的行动方案，为实施计划做好周详的预算，准备好充分的资源。要让学校里的相关人员理解并接受你的计划，就一定要在开始时便让那些负责执行的人参与制定具体的行动步骤，同时确保每个参与其中的人都有机会发表意见。一旦情况有变化，出现意外的成功或失败，或者服务对象提出一些没有想到的新问题，就要做好准备，随时调整自己的计划。

德鲁克同时提供了有效计划的六个关键点。

①制订以战略为基础的工作计划，把所有计划分解成有人负责的工作，有明确具体的责任人，负责人要敢于担当，而且该计划的负责人和主要执行人一定要参与制订计划，并确保每一个可能参与该计划的人都有机会发表意见。

②下放决策权，激励、奖赏每个做出贡献的人，建立起热衷于奉献的精神，使教职人员在工作和组织精神中体现出对学校办学成果的关注。

③要决定是否放弃那些行不通或者已经不再有价值的旧方案，

为新计划释放准备所需要的资源。

④集中精力去实施那些行得通的计划，在这样的项目中投入更多力量。一个好办法就是集中精力去做那些能够让你的学校取得成功的事情，并得到理想的结果。一旦在某个项目上取得了超越期望的成绩，你就应该问自己："我们是否可以制定一个更高的标准，投入更多的资源，取得更大的成果？"你必须做出选择，将资源集中到产出更大的地方。

⑤永远关注机会。必须主动寻找那些能够激发你想象力的新事物，带来创新，引领变革，学会问："我们的服务对象重视什么？他们有这样的需要吗？他们将来会有需要吗？"机会一定要与能力匹配，与能力不匹配的机会其实是陷阱。不过，为了创造未来确实要冒一定的风险，毕竟不创新的风险要比创新失败的风险更大。因此，校长要把握好经营现在和创建将来的平衡。

⑥反馈。计划一定要围绕学校的使命展开，并且设定明确的目标和具体的预算，反馈评估——由谁来评估、何时评估、衡量标准是什么等要明确。更重要的是在这一过程中，一旦情况有所变化，出现意外惊喜或意外问题时，就要做好准备，随时调整自己的计划，并与相关人员沟通最新情况。

以下是美国某小学校长设定以"提升学校在社区的支持度和知名度"为三年战略目标后所部署的 10 条行动计划。

1. 每周写一篇通讯专刊。内容为展示学校的成功案例、教师的成就、学生获得的荣誉，亦列出学校目前面对的挑战和需要。这种做法的目的是让社区大众有机会知道学校的每周情况，了解学校取得的成就和面临的困难。

2. 每月举办开放日或游戏之夜。在每月第三个周四晚上6—7点举行开放日或游戏之夜。每位老师按当月学习内容设计活动，让家长有机会了解孩子正在课堂内学什么，增加他们参与孩子学习的意愿，亦加强与老师的沟通。

3. 每周四与家长一起吃午餐。校长每周四邀请10位学生父母共进午餐，他们一起在会议室用餐并谈论有关学校的问题。这有助于家长接受学校的行政措施或表达内心的忧虑，亦让学校尽量兼顾个别家庭的需要并收集反馈信息。

4. 接待员项目。每9周一次由十年级学生参与一个叫“接待员”的项目，每一节课由两位学生轮值，负责在校门口欢迎访客，引领他们到校务处，并为访客提供帮助。这样做可以让访客感到学校温馨友善的氛围，留下美好的印象，亦为学生提供了锻炼社交能力的机会。

5. 每月共享一顿各家拿手好菜。每个月教职人员各自做一份拿手好菜带到学校，聚在一起共享。大家互相品尝佳肴，在享受美食的同时，自由放松地进行社交活动，为团队建立和谐的人际关系和友谊提供机会。

6. 表扬每月杰出老师。每月杰出老师由全体教职员工投票产生，每位获奖老师都会在校报上获得表彰，享有一个月最接近校门的专用停车位和一张商场礼品卡或餐券。这将使一些教师的辛勤工作和奉献精神得到认可。由于是由工作伙伴们选定的，这对当事人来说更为珍贵。

7. 举办年度社区企业介绍会。邀请所在社区的多家企业到学校做介绍，动员整个学校用半天时间来了解有关企业的状况。例如，它们的业务性质、规模、工作人数以及工作所需技能等。这使企业界有机会进入学校，向学生展示他们所做的一切。这成为学生教育成长的一部分，为学生提供了了解自己是否对从事某类事业感兴趣的机会。

8. 邀请企业界的专业人士为初中生做分享讲座。学校邀请来自社区的嘉宾讨论他们所属行业的职业发展路径，解释有关职业与某类学科的匹配度。例如，地质学家在地理课上或科学课上分享，新闻主播在语言艺术课上分享。这使社区的管理者有机会与学生分享他们的职业生涯，使学生能够看到选择各种职业的可能性，有机会直接提出问题并找到相关职业的有趣面。

9. 开展志愿者阅读计划。请社区里希望服务学校但已没有孩子在校就读的公众人士到校，作为志愿者为阅读水平较低的学生提供帮助。志愿者可以按他们希望的次数进入学校，一对一地帮助学生阅读图书。这样，即使志愿者不是学童的父母，他们也有机会参加学校活动，同时为学生提供提高阅读能力并学习如何与其他人打交道的机会。

10. 开展六年级生活史计划。为六年级社会研究班的学生分配一个社区志愿者接受采访，学生将了解受访者的生活和生命中发生过的特殊事件，然后由学生完成一篇关于该人士生平的论文，并向全班做演讲。这样的安排为学生提供了接触社区人士的机会，亦方便社区人士协助学校工作并参与活动，能加强学校与社区的联系。

以上学校发展战略规划，是通过 SWOT 分析法进行详尽分析的，符合 SMART 原则，亦回答了德鲁克“经典五问”，值得校长们借鉴。

问题思考

1. 学校在制定长期与短期战略规划时会面临哪些困难？你如何做出平衡取舍？

2. 贵校的使命是什么？它是如何体现在学校战略中的？

3. 你认为学校的首要服务对象应该是谁？为什么？他们看重的价值是什么？

第5章 学校创新的DNA

创新是企业家特有的工具。凭借创新，他们将变化看作是开创另一个企业或服务的机遇。创新可以成为一门学科，供人学习和实践。企业家必须有目的地寻找创新的来源，寻找预示成功创新机会的变化和征兆。他们还应该了解成功创新的原理，并加以应用。

——德鲁克《创新与企业家精神》
第1章《系统化的企业家精神》

据世界教育创新峰会对全球600名教育专家关于“2030年的学校”的调查，93%的受访者青睐创新型学校。这一判断对中国同样适用，世界范围的教育创新正在深刻地影响中国，未来学校的基本特点和价值，无疑具有普适性、共时性。

这些特征包括在线教育将成为最主要的知识来源；与学术知识相比，个人能力将大受推崇；学校文凭将受到职业认证、同行认可的挑战；终身学习将成为大多数人的选择；教师的角色将从传授知识转变为指导学生；个性化的教学将取代标准化的课程；大数据在构建教育社区中大有可为，等等。

从这份调研数据中，我们看到，随着知识型社会的到来，创新性学习——个性化、生活化、社会化的发展已是大势所趋。而中国的学校教育总体上还停留在以传授知识为主的状态，应试教育的力量依然巨大；同时，体制内外创新型学校的探索以各种各样的方式推动中国教育变革。

一、什么是创新

创新是指创造新的事物，更为重要的是为新事物赋予新的意义和价值。创新可能是近十年管理词汇里最常用到的术语，却又是最让人摸不着头脑的概念。创新就是高科技吗？是聪明人的玩意儿？是改善旧有的做法吗？由谁负责创新工作？不创新是等死，乱创新是找死，校长对创新应该有什么样的基本认识呢？

创新理论的系统性研究始自 20 世纪初叶。1912 年，约瑟夫·A. 熊彼特在《经济发展理论》一书中首先提出了系统性的“创新理论”。他认为，所谓“创新”，就是建立一种新的生产函数，把一种从来没有过的关于生产要素和生产条件的“新组合”引入生产体系。在熊彼特看来，企业家的主要角色，是“经济发展的带头人”，是能够“实现生产要素的重新组合”的创新者，能够将资源以不同的方式进行组合，创造出新的价值。企业家的作用在于创造性地破坏市场的均衡，即“创造性破坏”。他认为，动态失衡而非均衡才是健康经济的“常态”，通过创造性地打破市场规律，创造出新的价值和需求，才能够摆脱利润递减的困境而生存下来，并获得突围和成功的机会。

熊彼特是德鲁克父亲的学生。德鲁克的父亲是在奥匈帝国政府负责文化事务的官员，亦是知名大学教授。德鲁克从小就认识熊彼特，与他亦师亦友。德鲁克的创新思想深受熊彼特影响，所不同的是熊彼特是从经济发展的角度来研究创新的，而德鲁克增加了社会的纬度，认为唯有创新，才能在动态不均衡中建立具有稳定性和凝聚力的社会。

从20世纪60年代开始，创新的概念发展为狭义的“技术创新”，“技术创新”被提高到“创新”的主导地位。直到20世纪80年代，创新的研究才开始形成系统的理论。今天人们对创新有了全面的了解。创新其实是无处不在，遍布人类社会的方方面面的，如思想观念、商业模式、工作流程、生活形态、学习方式、起居饮食、社交通信等领域，而不仅仅是技术或科技方面的创新。创新是一种可以使企业资产增添新价值的活动。当前普遍推动的持续改革，也可以被视为一种“创新”，亦即创新活动在本质上就包含持续改善产品、流程和服务等。

华德福学校起源于德国的斯图加特，是学校管理创新的典范。华德福学校甚至不设立校长和行政级别，而是成立教师委员会，进行集体管理。学校代表由教师们选举产生，行政工作由教师委员会领导，学校不按部门设立工作，而是按工作类别分工，工作的安排和重要的决策都是在每周一次的教师会中讨论进行的，待完成的工作不是由学校分配，而是由教师自愿承担。在管理方面，华德福学校充分实现民主、独立和自治，其民主的形式不是简单的少数服从多数，而是尊重每个人的决策和意见。

德鲁克界定管理者有五项工作：设定目标，组织，激励与沟通，评估绩效，培养人才（包括自己）。设定目标为管理者的第一项工作，而目标需要在八大领域——营销、创新、人力资源、财力资源、物力资源、生产力、社会责任和利润需求里设定，所以创新是设定组织目标的内容之一。创新是企业家（泛指富有创新精神的人）特有的工具，他们把变化看作开创与众不同的产品或服务的机遇。企业家应该有目的地寻找创新的来源，寻找预示成功创新机遇的变化和征兆，没有创新是现有组织衰退的最重要原因，唯有重视创新，组织才能再创生机。

德鲁克认为，对一项创新的考验并不在于它的新奇性、科学内涵或小聪明，而在于推出市场后为顾客所接受的程度，也就是能否为市场顾客创造出新的价值、新的满足。德鲁克提出，创新是组织的一项基本功能，是管理者的一项重要职责。在此之前，“管理”被人们普遍认为是将现有的业务梳理得井井有条，按部就班，按章工作，不断改进质量、优化流程、降低成本、提高效率等。德鲁克则将创新引入管理，明确提出创新是每位管理者和知识工作者的日常工作和基本责任。

综合以上分析，我们可以将“创新”定义为将新的构想通过新产品、新服务方式、新流程、新模式，有效体现到市场中，进而创造出新价值的过程。

“目标明确的创新源于周密的分析、严密的系统以及辛勤的工作，这可以说是创新实践的全部内容。”[①] 德鲁克强调，成功的创新源于有意识地寻找机遇、周密地分析和勤奋努力地工作，创新需要的是才能、知识与独创性，是明确的目标和充分的准备。创新并不是指科学或技术本身，而是“新”价值的创造。创新并不是发生于组织内部的东西，而是基于外部的改变去衡量创新的成果，要看它对环境产生冲击的程度如何。因此，组织的创新，必须永远以市场为导向，而不是聚焦于产品本身。这一观点在“颠覆性创新”之父、哈佛商学院教授克里斯坦森的《创新者的窘境》一书中得到延伸——对于顾客需求的挖掘，正是颠覆式创新的来源。

有目的、系统化的管理创新是每位校长的职责，那么，学校创新最常见的误区是什么？创新的基本原则又是什么？

二、创新的误区

在过去 30 年，创新一直是各行各业最热门的话题，但让人失望的是由于大众普遍对创新存在误解，以至创新的成功率很低，许多社会资源被白白浪费。这些常见的误区如下。

1. 认为创新是聪明人的专利，又或是“灵光乍现”想出来的超凡主意

“灵光乍现”会带来创新的陷阱，因为它仅仅是没有被证实的

① 德鲁克. 创新与企业家精神 [M]. 蔡文燕，译. 北京：机械工业出版社，2007：120-121.

“创意”，不一定能产生新的价值。只有把创意转化为行动，并产生新的价值，获得新的成果，真正的创新才会出现。倚靠天才或聪明人的创新是无法复制、传授和学习的。大多数情况下，许多想法只停留在创意阶段。

芬兰罗素高中有一个显著的创新点，就是学生没有排名的压力。这个想法绝非“灵光乍现”，而是持续且深度思考的结果。校长瓦利加维教授的观点是：“这种竞争性的教学方法会降低学生的整体水平。我们这里的‘差生’成绩也十分优秀。与其他国家相比，芬兰优等生和差生的差距并不大。如果我们过分强调竞争，差生将落在后面，并且这种差距会越来越大。”瓦利加维校长的做法是突破性的，因为在一所学生都很优秀的学校中硬排名次，就会给那些既有天分又付出努力，却仍被排在靠后名次的学生带来负面影响，哪怕他们相比其他学校的学生已是出类拔萃的尖子。因此，需要让这些优秀的学生在没有压力的情况下更好地学习。这才是这个创新点得以提出并付诸实践的初衷。

2. 认为创新等同于冒险

的确，创新者具有“理性冒险倾向”的特征，但他们不是孤注一掷的冒险家。创新是以“有组织、有目的、有系统”的方式发展而来的，创新者专注于机遇而非冒险。他们会设法评估必须承受的风险，然后尽量将风险化解到最低限度。德鲁克认为：“成功的创新者都相当保守，他们不得不如此。他们不是‘专注于冒险’，而是‘专注于机遇’。”[①] 实际上，不创新的风险比创新带来的风险更大，因为万事万物包括我们的服务对象和竞争对手，都在转变，墨守成规最终只会被淘汰和取代。

3. 以为创新是领导层或创新部门、技术部门的专属工作

这种误解导致整个学校缺乏创新动力和意识。创新应该是组织内每个人的责任，是一种文化。每个人都必须在自身的岗位上观察和思考哪里有创新的机会，并且要有畅通的、自下而上的通报和激励机制。学校内每个人身上都应该流淌着创新的血液，都应该具有创新的 DNA。

4. 以为现在如日中天，一切都做得很好，便不需要改变，也不需要创新，只要维持现状，未来也会一样持续成功

残酷的现实是一切都在变化，唯一不变的就是变化本身。再成功的学校，若固步自封，最终将失败。

三、创新的原则

德鲁克总结的创新原则包括必须做的 6 件事情、避免做的 3 件事情和需要满足的 3 项条件。

---

① 德鲁克. 创新与企业家精神 [M]. 蔡文燕，译. 北京：机械工业出版社，2007：125.

1. 必须做的 6 件事情

①有计划放弃旧有的、曾经很成功但今天已式微的事物，腾出资源，特别是宝贵的人力资源来负责创新的项目。

②必须对所有创新的来源进行系统性的分析和研究，深入思考，洞察变化，寻找机会。

③走出去多看、多问、多听。创新既是理性的，又是感性的，切忌闭门造车，必须左右大脑并用，既观察数字，又观察人的行为，先分析要满足某个机遇所必需的创新，然后走进人群，观察顾客和用户，了解他们的期望、价值观和需求，从中看到自己的机遇。

④创新必须简单明了，目标明确。专注于创新能够满足的特定需求，或它所产生的特定最终结果。一次只做一件易于操作的事情。

⑤从小规模开始努力专注做一件事。开始时用少量资金、少量人手，在小范围内进行试验，船小好掉头，这样做有利于日后及时进行必要的调整。

⑥创新战略的最终目标是取得市场领导地位。唯有拥有足够的创新性，才能有所建树，取得市场支配地位，否则结果只能是“为他人嫁衣裳”。

2. 避免做的 3 件事情

①创新不需要太聪明、太复杂。创新必须让普通人也能操作，若只能由天才完成，就几乎注定失败。

②不要一次想做很多事情，也不要频频更改做法。专注就是一种战略，不要过于多样化，偏离核心而变得散乱，就会长期停留在

创意阶段。创新工作必须围绕一个统一核心，而市场知识相比纯知识和技术是更好的统一核心。创新需要将所有努力汇集在一起，还要求实际执行的人员能够相互了解，多样化和一心二用只会破坏这种统一的核心。

③不要尝试为未来进行创新。要为现在进行创新——除非创新的成果很快就能应用，否则它很可能会沦为一项聪明的创意。在发明家爱迪生之前，许多有关电灯泡的研究因缺乏物料和足够的知识而失败，属于为未来而创新之列。然而，当时机成熟时，爱迪生的专注让他获得了划时代的成果。

3. 需要满足的 3 项条件

尽管这 3 项条件显而易见，却常常被忽略。

①创新是一项工作。除了知识和大量聪明才智外，勤奋、毅力、专注、责任心和有目标的工作是必需条件。

②创新者必须立足于自己的长处。这个长处又需要在气质上与新机遇相契合，才能让创新者全身心投入。

③创新必须以市场为导向。创新是经济与社会活动双重作用的结果，不能脱离市场和现实。

四、创新的策略

创新是创造新的价值，而价值在学校的外部，是创新带来的突破和改变。德鲁克认为，创新策略有两个要点。

1. 创新策略有一个主要的假定：现存的一切都会落伍

现有的课程体系、教学方法、活动组织、技术和流程，迟早都会落伍。对现行事业的策略，其假设为“更好、更多”；对创新策略，其假设必须是“新的、不同的”。创新策略的基础，是有计划、有系统地淘汰老的、陈旧的和垂死的事物。创新型组织不会耗费时间及资源去捍卫昨天的事物。唯有系统地抛弃昨日，组织才能把现有资源，尤其是最稀有的资源——优秀人才用于创造新事物。和现行运作顺畅的业务相较，那些新的，特别是尚未问世的，也就是将来的创新，总是显得那么不起眼儿。因此，格外重要的是，假如组织想要创造明天，它就必须对自己许下诺言，一定要有系统地抛弃昨天。

对一所学校甚至一个人来说，放弃成功的昨天并不是一件很容易的事，甚至是一件几乎不可能完成的任务，然而，不放弃昨天的结果就是没有办法创造明天。想想企业界众多衰败的例子，如诺基亚、柯达和众多大型零售商，对比那些保持百年基业的企业，如宝洁、强生、IBM，就会明白，那些能够持续创造明天的组织，就是在不断放弃昨天的基础上茁壮成长起来的。百年名校如哈佛大学、斯坦福大学、牛津大学、剑桥大学等，都有悠久的历史，他们的历任校长都没有被过去成功的包袱羁绊，反倒锐意创新，按时代需要调整办学理念和教学方式，与时俱进。例如，哈佛商学院的案例教学闻名遐迩，自1921年出版第一本案例集至今，一直受到全球商学院的欢迎，他们的创新概念是“通过行动来学习”，为商学院的学生创造新的学习价值。

2. 创新策略第二点：要有明确和宏大的目标

针对现有产品进行细微的改良，与另外创造一种全新产品，其难度通常不相上下。根据粗略估计，组织规划中的创新，其成果至少应达到所需达成目标的三倍大。创新的假定必须是大多数创新努力都不会成功，十个“耀眼的点子”有九个到头来都是白费功夫。就算经过详细分析，那些看似有价值的可行点子，到头来也是十个有九个都会失败，或充其量只是微不足道的东西。由于创新的失败率很高，因此对它回报率的要求也要高。创新一旦成功，应该能为学校带来显著的变化或进步。

创新策略的目的应为创造新事业、新平台、新服务、新绩效、新流程、新价值概念，而不是满足于一些小修小补；其目的是与竞争者产生重大差异，使彼此不在同一条跑道上竞赛，能够独自在蓝海中畅游，打破线性增长的规律，远远抛开对手。面对创新任务，第一个也是最严肃的问题是：“这是好机会吗？”假如答案是肯定的，便再问：“在此阶段，我们最多能投入多少优秀人员，动用多少关键资源，帮助它做出成绩？”

由于创新项目很重要，风险也大，因此领导层必须有意识地加以保护，包括提供独立的不受干扰的财务预算、对创新任务另行设定衡量与激励机制、经常肯定具有创新想法和行动的教职人员。

五、创新机遇的 7 个来源

在管理学经典《创新与企业家精神》中，德鲁克指出，要进行系统化的创新，领导者就需要每隔 6 — 12 个月打开组织的天窗，看一看外面的世界。德鲁克将“机会的窗口”分类归纳为 7 扇，指出这 7 扇天窗是任何一个组织都可以参照的可靠创新来源。这 7 扇天窗分别是：①意料之外的事件，②不协调的事件，③基于程序需要的创新，④人们未曾注意到的产业结构或市场结构的变化，⑤人口统计数据（人口变化），⑥认知、意义及情绪上的变化，⑦新知识。

1. 意料之外的事件

无论是意外的成功还是失败，在德鲁克看来，都是非常可靠的创新来源。没有哪一种来源比意外成功能提供更多创新机遇了，它所提供的创新机遇风险最小，整个过程也最不艰辛。但是，意外成功却很容易受到忽视；更糟糕的是，管理人员往往主动将它拒之门外，因为这些成功事件不属于日常的工作或业务范围。在新冠病毒疫情期间有许多网上学习的课程和平台的使用人数骤增，对某些设备需求甚殷，对学校来说，这可能意味着课程设计、教学方法、教师能力培训和技术创新的新机遇。意外失败同样是非常重要的创新机遇来源，它让我们意识到外部正在发生一些变化，需要及时调整学校的战略。

笔者在美国上 MBA 研究生课程时，目睹过学校一个由一次意外成功带来的创新案例，这给课程体系和学校声誉带来深远影响。当时校内努力读书的同学很多，但也有一小部分学生不爱学习，老爱泡酒吧，而且夜不归宿，导致成绩很差，也学不到知识。有社会系的教授建议给这些学生开设与饮酒有关的课程。当时有人以为是开玩笑，反对声浪也很大，但在新学年时开设了一些与酒有关的课程。平时不爱学习的同学都争着报名上课，并且学习态度骤变。课程内容不但介绍酒的性质和种类，还有产酒的条件与地理分布、酒业经济、与酒业有关的商业模式、气候环境、酒厂参观等，当然也少不了品酒和学习相关礼仪、风俗与历史等。这些课程大受不爱学习的同学的欢迎，把他们留在了课堂上。之后学校陆续开设相关课程，如与酒有关的心理学、犯罪学、经济学、教育学课程，由此产生的学术论文在学术界享有崇高地位。这次创新起源于大学留意到所服务的“客户”的变化和需求，于是做出了大胆的小规模尝试，在看到意外的成功后抓住了创新的机会，结果体现了有教无类的教育真义。创新，只要你肯留心，它是无处不在的。

2. 不协调的事件

不协调是指现状与事实“理应如此”之间，或客观现实与个人主观想象之间的差异。这是创新机遇的一个征兆。这些不协调包括产业经济现状之间的不协调、产业的现实与假设之间的不协调、某个产业所付出的努力与客户的价值和期望之间的不协调、程序节奏和逻辑的内部之间的不协调。

英国著名的贵族子弟学府伊顿公学与位于英格兰中部的奥克汉姆中学合作启动了一个名叫“奥克汉姆 20:20”的项目，主要研究学校教育与职业生涯之间的关系。调查发现，毕业生在工作中的失败体现了英国现有教育原则的缺陷：缺乏主动性，团队工作效率低，口头表达能力差，这些缺陷与巨大的教育投入之间形成了强烈的不协调。校长托尼·里特在与企业家的交流中得知，这些不协调产生的原因在于：学校认为重要的是学术能力、专业技能的培养，而企业则认为学术能力、专业技能只是底线，更重要的是热情、精力充沛和持之以恒的职业精神。托尼·里特为此总结出了伊顿公学的基本原则：“伊顿是一个让学生认识自我、发掘自我潜力的地方。我们希望每个孩子都能够正确认识自我的价值，这不光对其自身发展有益，同时也支撑了一个更大的目标，使他们有能力为社会贡献自己的价值。”

3. 基于程序需要的创新

流程的需要是指寻找现有流程中薄弱或缺失的环节。这种需要既不含糊也不笼统，是非常具体的，因为肯定有“更好的方法”会受到使用者的欢迎。与意外事件或不协调一样，它也存在于某个企业、产业或服务领域的程序内部。它并不始于环境内部或者外部的某一事件，而是始于有待完成的某项工作。

德国南部的巴登湖畔有一所著名的国际寄宿学校——萨勒姆王宫中学，这所学校意识到学生学习的课程和社会生活现实严重脱节是学生在社会上难有作为的重要原因。这是一个程序的缺失，是现代教育薄弱的环节。为此，学校安排了大量社会实践，学生成立了不同的兴趣小组，有爵士乐队、话剧队、音乐剧组、登山队、消防队、艾滋病义工小组、图书馆服务小组、摄影小组、港口服务小组以及接待小组等，其中消防队已经有60年的历史。这些实践不仅有助于锻炼身体，还会促进独立思考和培养团结合作的能力，激发想象力和创造力，培养责任心和乐观向上的人格，为学生进入高等学校，继而走向社会打下良好基础。

4. 人们未曾注意到的产业结构或市场结构的变化

对教育领域来说，产业结构和市场结构的变化是指因社会发展教育本身或其中某些产品或服务产生质的变化，这通常是由于学生及家长的价值观和偏好发生了改变。当许多学生和家长对某类教育产品或服务需求甚殷时，说明之前对他们的认知有可能已不合时宜了。这时，校长需要及时发现这种变化带来的创新机遇。

一个有趣易懂的例子是20世纪50年代的美国图书市场。电视出现后，越来越多的美国人，特别是学生把大量时间花费在电视机前，于是出版商纷纷预测图书的销量将大幅下滑，便将重心转移到新兴媒体的经营上。然而，现实情况是书籍的销售不但没有暴跌，反而猛增，其增速比每一项指标预测的增长速度都要快好几倍。尽管所有出版商和书店都看到图书销量与日俱增，但对此却视而不见，毫无反应，反倒是一些大型零售商对此机会加以利用，建立了将图书“大众商品化”的连锁书店。在之后的数十年中，这些新式连锁书店跻身于美国零售业最成功和成长最快的领域，同时也是美国发展最快的新兴行业。在上述案例中，出版商和传统书店没有意识到市场结构的变化——新的客户群出现了，他们将书籍视作大众商品而购买，也没有意识到新客户对购买书籍方式的偏好，因而不会尝试向他们提供服务。

显然，产业结构的变化向学校的领导者提供了显而易见的且可预测的绝佳机遇，但业内人士往往将这些机遇视为威胁，一些主流“名校”更是因为已经取得的长期成功而漠视这些变化，导致学校后来的失败。虽然我们已经进入全民教育、高等教育大众化和互联网时代，但教育的“软件”还是旧的，智育至上、唯分数论的升学竞争严重影响着青少年的身心健康，模糊了人的价值，黯淡了人的光芒。迎接全球化、信息化和互联网时代的挑战，改革和创新教育，建立教育在社会中的主体性是刻不容缓的创新任务。根据美国一个致力于 K-20 教育创新的研究机构教学思想（Teach Thought）发布的报告《2019 年美国教育趋势》，美国教育工作者最为关注的 20 个教育发展趋势顺序如下。

1. 成长型思维

2. 创客学习

3. 布卢姆教育目标分类学及其应用目标分类法

4. 信息素养

5. 个性化学习

6. 项目化学习

7. 团队学习

8. 混合式学习

9. 天才时光

10. 同理心

11. 教育技术支撑学生学习的适度性

12. 社会情感教育

13. 创新型学校办学模式

14. 机器人 / 编程

15. 多元评价

16. 基于脑科学的学习

17. 游戏化教学

18. 自适应学习算法学习

19. 游戏化学习

20. 移动学习

在这份榜单中，近年新兴的诸多教育技术和概念，比如，成长型思维、创客学习、混合式学习、游戏化学习、机器人 / 编程等，都是有关大脑是如何学习的、思维是如何发展的、认知是如何发生的。这些都是教育事业未来的新趋势，是学校未来 5 — 10 年的创新蓝图。

5. 人口统计数据（人口变化）

在创新机遇的外部来源中，人口统计数据（人口变化），通常包括人口数量、人口规模、年龄结构、人口组合、就业情况、受教育状况以及收入情况。人口变动与教育发展之间存在密切的制约关系。一个国家的人口数量是确定该国教育规模的基础因素。人口增长过快，教育投资跟不上，就会影响教育规模的扩大，导致入学率和升学率降低、文盲率提高；人口数量过多，会导致教育质量下降、人均教育投资减少、教育普及规格降低。

不同阶级和阶层的人口、不同行业和职业的人口，对教育的要求是多种多样的，需要有不同类型、层次的教育体制与之相适应。现在大部分“90后”家长的孩子都是在小学阶段学习。这样一个家长群体，他们的家庭教育观念、个人教育背景、家庭收入、职业分布等，都关系着学校和学生的健康发展。因此，对他们的精确细分将有助于学校各项工作的创新规划。教育创新要克服行政化弊端，改变千校一面的局面，促进教学模式百花齐放，促进公办教育、民办教育、乡村教育、草根创新教育和谐发展，增加教育的丰富性和多样性。

6. 认知、意义及情绪上的变化

意料之外的成功和失败都可能意味着认知和观念的转变。认知的改变并不能改变现实，但是它能够改变现实的意义，而且非常迅速。计算机刚面世时，许多人把它看作一种威胁，或者是只有大企业才会使用的科技产物，但在工商业界实现普及只花费了两年时间。

过了不久，人们又有了新的认知，意识到家庭也能用，这才有了个人家用电脑这一创新。随着父母受教育程度的提升，他们对子女教育的认知有什么变化？他们对子女教育会有什么新的需求？学校又如何用创新来满足这些新需求？

芬兰有两项非常人性化的考试制度都是源于教育认知的转变。第一项是“重考规定”，即允许考生通过考试后还可以再考一次。如果考生在得到全国统一的毕业考试证书之前重新考了一次，那么更好的那次成绩将会被记录在证书上；如果考生有一门必考课程不及格，可以重新考两次。第二项制度是“附加考试”制度，即考生通过芬兰全国统一的毕业考试后，可以加考以前已经考过课程的其他级别的考试，并且会得到一份关于这次考试的证书，以便在大学录取时起参考作用。这项创新是基于新的价值认知——考试制度不是用来一次性决定学生升学前途的工具，每个人都应该有第二次机会。

7. 新知识

在德鲁克看来，在所有创新的来源中，新知识的利用所需要的时间最长；而且新技术变成进入市场的产品也需要很长时间。互联网技术在20世纪60年代便已出现，但真正普及民用和商用花了三四十年的时间。虽然创新往往与新知识、新技术挂钩，但新知识创新从来不是基于一个因素，而是几种不同知识的汇合，因此门槛比较高，难以预测和驾驭，且风险极大。教育对新知识的探索和应用已愈来愈普及：智能机器人成为未来学习伙伴、3D打印会颠覆学生实践范式、创客运动推广做中学、体感技术带来操作新体验、教育游戏玩中学等新知识将给课堂带来新面貌，这对学校的创新规划意味着什么？

创新与风险从来都是结伴而行的，如果学校通过挖掘那些已经发生但未造成冲击的事件，并且善用这些事件所产生的后续影响进行创新，那么这种创新的风险就比没有挖掘这些机会的创新活动小多了。这 7 扇天窗，前 4 扇存在于学校内部，后 3 扇存在于学校外部。无论如何，对任何一个方面的变化，学校都可以把它看作一个创新征兆，一个只需努力就能发生变化的可靠信号，这能够推动学校创新行为的发生，并提高创新成功的概率。值得注意的是，这 7 个创新机遇的来源界限相当模糊，彼此之间有相当大的重叠部分，但它们如同位于同一建筑物不同方向的 7 扇窗口，你可以想象成学校的办公大楼 —— 从一扇窗口看到的某些景致，也可以从临近窗口看到，但每一扇窗口的中心所呈现的景色却截然不同。如果你不停地打开每一扇窗，最终就可以看到整个世界。另外，这 7 扇天窗在风险程度、困难程度、复杂程度以及创新的潜力上也存在不同，而且在一段时期内，其中一个可能会比另外几个表现得更为突出，但总体来说，这些天窗构成了创新机遇的大部分来源。

六、创新型学校

发展创新型学校需要校长有远大的眼光，愿意为社会培养未来能担当重任的栋梁。通过考察中国、英国、芬兰、美国等国家先进的教育机构，我们发现创新型学校有以下共通特点和趋势。

落地式创新，包括学校空间创新、课程内容创新以及学习目标创新等，有的学校甚至已超越学校功能，将教育与当地文化结合起来，成为当地居民的聚会场地，扩大了学校的意义。

学校为学生提供解决真实问题，并且与他人合作的机会，让学生从单纯学知识转化为行动。

基于互联网技术，在规模化教育下实现个性化教学，达到真正意义上的以学生为中心。

应用“人工智能教学服务平台”，以技术系统替代老师自动批改繁重的作业，智能分析学生的知识点掌握情况等。老师通过后台的分析结果查看学生的学习情况，以了解每一个学生的个性化需求，实现精准教学。

融合中西方教育精神。有些创新学校没有考试、没有排名，只用常规测试来检测学习效果，让学生知道自己的学习进度和需求，而不是为了批评。在低压力的学习环境下培育学生的学习兴趣，这一点特别受高学历背景的年轻家长的欢迎。

为具有各种性情、活泼好动、不爱配合、在常规学校不受欢迎的学生提供全新的学习环境。通过游戏化教学方式，让孩子在快乐中学习和成长。

创新型学校正在步入个性化的大众教育阶段，特色鲜明：以学生为中心，重视个性化发展和创造性，属于全人发展的博雅教育；小规模，学习时间弹性化，根据学生的天性来组织教学；体现个性化教学，多参与式学习和项目式学习。

论到创新，无论企业界还是教育界，人们都会想到以色列。以色列的基础教育被公认为“全球最好的教育”，也是以色列奇迹产生的根本源泉。据统计，以色列是全世界硕士占人口总数比例最高的国家。占全球总人口比例仅约为 0.2% 的以色列，却培养出了 160 多位诺贝尔奖获得者，占诺贝尔奖总数的约 20%。有意思的是，以色列孩子在各种国际竞赛中通常成绩一般，甚至远远落后；而亚洲父母怕孩子输在起跑线上而拼命让他们填鸭补习、加班学习。以色列的教育虽然起步晚，但后续爆发力十足，最后赢在终点。以色列在教育创新方面究竟能给中国教育带来什么启发？

以色列的教育理念是尽力去启发孩子的好奇心，培养他们独立思考的能力和阅读兴趣。世界创新教育之父、世界创新教育联盟主席、曾担任以色列六任教育部部长教育创新顾问的雅克布埃·赫克特（Yaacov Hecht）先生有一个非常创新的教育孩子的方法。找到每个孩子的差异，为他们的强项配以专属老师是非常昂贵的事情，雅克布埃·赫克特先生用的创新方法是使用老师的“替代性能源”—— 学生本身。通过推动团队分组学习的方法，学生把两张桌子并列在一起，5 个人一组，几个人围着一台电脑参与线上课程，每位学生有 3 张卡片，绿色意味着“我懂”，可以去教其他人；红色意味着“不大清楚内容”；黄色表示“有疑问”。学生自由选择黄色、红色或者绿色，相互教授学习，直到所有人都能亮出绿卡，弄懂所有知识。传统的教学方式是通过同辈的竞争、对比来胜过他人，而团队分组学习是要达成整个课堂的共同目标，让所有学生相互教学、相互帮助，从而提高整个班级的平均分。学习过程中没有老师的干预和压力，孩子在学习榜样的引领下，在轻松的氛围中主动追求知识。这样的教育创新既减少了对专业老师资源的需求压力，亦修正了学习动机，将“我要你学”变为“我们一起学”。

总之，创新是每个具有企业家精神的校长应有的独特工具，借着创新把变化视为一个开创新领域和新境界的机会。创新也可被视为一门学科，是可以学习，并且实际应用于学校的管理，成为办学理念中不可分割的DNA。

问题思考

1. 创新的第一步是有计划的放弃，你认为学校目前已有的项目或每年的例行活动中，有哪些是应该放弃的？

2. 请回顾一项学校创新的成功案例，它属于创新机遇7个来源中的哪几个？

3. 想想如何能把创新精神贯穿于整个学校，并让全员参与。

第6章 目标管理与自我控制

任何企业都必须建立起真正的团队，并且把每个人的努力融合为共同的力量。企业的每一分子都有不同的贡献，但是所有的贡献都必须为了共同的目标。他们的努力必须凝聚到共同的方向，他们的贡献也必须紧密结合为整体，其中没有裂痕，没有摩擦，也没有不必要的重复努力。

——德鲁克《管理的实践》

第11章《目标管理与自我控制》

从本质上而言，组织管理就是目标管理，在 1954 年出版的《管理的实践》一书中，德鲁克正式提出“目标管理与自我控制”，并率先应用于企业中，给商业世界带来极大影响。通用电气、强生、英特尔、惠普的发展都受益于这一理念。德鲁克称“目标管理”是一种真正的管理哲学，它适用于组织内每一个人，也适用于任何组织。

目标管理可以最大限度地释放组织的资源，激发人们发自内心的工作热情，但遗憾的是，现实中存在大量对这一理念的误读误用，使目标管理沦为“伪目标管理”，其力量自然也就无法发挥。在本章，我们将走近德鲁克最负盛名的管理哲学，以及就如何在学校里正确实施目标管理给出建议。

一、目标管理的真义

谈到目标管理，我总会想起世界佛教史上一位著名的僧人——玄奘法师。

公元608年，玄奘立下了“意欲远绍如来，近光遗法”的人生目标并出家为僧。公元627年，玄奘从长安出发，当时他孑然一身，前途未卜，生死难料，在迈步走出长安的那一刻，玄奘发出宏大的誓词：“此行不求财利，无冀无誉，但为无上正法，若不至天竺，终不东归一步，宁可就西而死，岂能归东而生！”

为实现这个目标，玄奘克服了一切艰难险阻，蔑视死亡的威胁、富贵的诱惑和权力的绑架，前后历经19年，行程共计5万里，带回657部具有高度学术价值的梵文佛典，堪称世界中古史上一次艰难而伟大的探险之旅。

玄奘回到长安就着手翻译佛典，在19年里共译出佛教经论75部1335卷1300万言。

玄奘以他的自由意志立下宏愿，之后坚定不移，一步步将愿景变为现实。这个愿景不是别人强加给他的，而是源自他内心的自我要求。这正是目标管理与自我控制的真谛。

组织也是如此。

学校为什么要进行目标管理？因为“目标管理能让追求共同福祉成为每位管理者的目标，以更严格、更精确和更有效的内部控制取代外部控制。管理者的工作动机不再是因为别人命令他或说服他去做某件事情，而是因为管理者的任务本身必须达到这样的目标。他不再只是听命行事，而是自己决定必须这么做。换句话说，他以自由人的身份采取行动。”①

德鲁克认为，并不是有了工作才有目标；相反，是有了目标才能确定每个人的工作。所以，学校的使命和任务，必须转化为每个人的具体目标。哪个领域没有目标，哪个领域的工作必然会被忽视。

因此，学校管理者应通过目标的设定与执行对教职工进行管理。我们可以将目标管理简单分成三个基本步骤。

第一步，学校的领导团队确定学校的整体目标。

第二步，与校内每一位老师进行沟通，让大家明白、接受学校的整体目标并思考如何贡献自己的力量。

第三步，教职员工开始拟定个人和部门目标，并用从下到上的沟通方式与领导达成共识。

这个过程并不复杂，但要弄清楚两个注意事项。

第一，个人目标是由教职员工本人制定而不是上级强加的。

个人目标是每位老师弄清楚学校的整体目标后甘愿承担的责任。

① 德鲁克. 管理的实践［M］. 齐若兰，译. 北京：机械工业出版社，2009：110.

有上下级共同校准过的目标作为前提，老师为了达成自己设定的目标，便会主动思考与行动，其中很重要的就是得到及时反馈和对标机会。这可以让老师自己进行衡量核查，做出必要的调整。

第二，个人可以通过跟踪目标的完成情况进行自我控制，而不是依赖外部的考核、评价和奖惩。

目标管理之所以能够实现自我控制，是因为教职员工能够用他自己的执行进度与目标对照，并得到上级的定期反馈，知道自己做得怎么样，于是，便可以自行调整方向和节奏。

总之，德鲁克希望人们能用自我控制的管理来代替被别人操控的管理，最大化人的价值。

这正是目标管理的真义。

在这个过程中，目标管理是学校发展的客观需求，而非校长的个人愿望；目标管理强调的是管理者的责任和贡献，而不是上级的权力与控制手段；目标管理强调的是团队合作和共同目标，而不是专业主义和部门割裂；设立目标的第一责任人是全体教职员工，而非上级。

二、实施目标管理的前期准备

很多人觉得目标管理是企业经营的工具，在学校里未必适用，其实，作为管理哲学，目标管理是适用于任何组织的。只不过在实施目标管理之前，学校必须做好前期准备工作。只有这样，目标管理才能有自己生根、发芽的土壤，否则再好的管理理念也不过是镜花水月。

这个前期准备工作是什么呢？我们以对中国现代教育有深远影响的陶行知先生为例来说明。

陶行知于1891年诞生在安徽歙县的一个农家里。16岁时在卧室墙壁上写道：“我是一个中国人，要为中国作出一些贡献来。”之后，他先后进入南京金陵大学、美国伊利诺伊大学学习，后转入哥伦比亚大学师范学院攻读教育，以杜威、孟禄等为师。1917年毕业后，在回国的船上，即立下“我要使全中国人都受到教育”的宏志，并终生践行。

陶行知先生一生正是走在实践目标管理的路上。

首先，实施目标管理的前提是一个人乃至一群人有强烈的使命感。这个使命感必须足够大，大到能装下一群志同道合的人。这个使命感也必须立足现实，这样才能让人从使命中汲取力量。所以，这个使命不仅是组织的，也是组织中每个人都认同的。比如，阿里巴巴的使命是“让天下没有难做的生意”，简单、清晰，富有挑战性，动人心弦。

陶行知先生的宏大志向是：“我要使全中国人都受到教育。”这个使命团结了一大批中国教育界的同人，如郭秉文、陈鹤琴、蒋梦麟、郑晓沧、厉麟似、杨亮功等。在晓庄试验乡村师范学校，因为有强烈的使命感驱动，教职员工在设定目标时不会懈怠，不会设定低目标。

其次，实施目标管理需要有完整的教育理念。

校长首先应该是一位教育家，要去研究教育，并基于对教育的研究提出学校的办学理念。这个办学理念不是空洞的口号，要能具体指导学校的教育教学实践。

陶行知对中国教育思考的两大核心是“中国性”和“平民性”。“中国性”指的是要创建“真正适合中国国情并为中国服务的教育制度”。“平民性”指的是建立在“济弱扶倾”，即“弱者本位”和“幼者本位”价值立场上的教育。1927 年，陶行知先生在创办晓庄试验乡村师范学校时，校训正是结合这两个特性所指出的实践路径：“教学做合一。”

最后，实施目标管理要真正尊重人。

对人的尊重贯穿了德鲁克大半生的言论。92 岁时的德鲁克还在不断提醒我们：“管理者必须学习那些优秀的大学系主任或成功的交响乐团指挥，发掘人员的潜力，并花时间培养他们。”[①] 如果失去了对人的尊重，这里的“发掘人员的潜力”很可能被理解成，仅仅为了组织的绩效而把人视为工具。只有对人尊重，才可能真正把人的才能释放出来。

陶行知先生始终坚持的基本点，就是把农民和儿童当作“人”，坚持尊重他们的独立人格，争取和维护他们的权利，由此形成了他的农村教育和儿童教育思想的两个要点。其一，要争取与维护“教

① 德鲁克．下一个社会的管理［M］．蔡文燕，译．北京：机械工业出版社，2006：80.

育机会平等”。无论男女、老少、贫富、阶级、信仰，无论远近、城乡，都应有同等机会享受教育的权利。其二，教育的最终目的，就是“教人做主人，做自己的主人，世界的主人”。

总之，一所学校要实施目标管理，就必须在这三个方面建立坚实的基础。这需要整个学校管理团队透彻思考：“我们学校的使命是什么？我们学校的办学理念是什么？我们学校是否尊重老师、学生、家长，又有哪些行为是需要改善的？”

当我们将这些问题回答完毕，就等于铺平了目标管理的土壤，接下来就可以在这片土地上播种了。

三、如何与团队实现目标共享

实施目标管理的第二步，是要和团队成员共享目标。团队并不仅仅是一群人的集合，而是领导者和成员、成员和成员之间紧密联系在一起，朝着共同的目标奋斗的一种状态。

要让每一位老师、学生，甚至家长、社区更好地理解学校的目标，校长应该成为一名“首席解释官”，让办学的理念深入每位利益相关者的心中，实现“信念共享”。

在 7–11 便利店内部有一种会议叫“区域顾问会议”。这种会议直接向店铺经营顾问全员传达总部的经营方针，引导他们更好地成为总部与加盟店之间的沟通桥梁。每次召开区域顾问会议时，创始人铃木敏文先生都会亲自参加，从不同角度切入，不厌其烦地向店铺经营顾问反复强调经营理念的重要性。

通过这样锲而不舍的持续沟通，所有人都和铃木敏文先生一样，能将“为了成长，必须积极应对变化”脱口而出，就连加盟店、供货的生产商也都能说同样的话。换言之，在7–11便利店，全体员工都与铃木敏文先生持有相同的经营理念，秉承了共同的行为准则和价值观念。

所以，不要担心自己是否花了过多时间和老师们交流办学理念。事实上，在这个方面，我们花的时间往往不是太多而是太少。重复诉说同一话题，确实容易引起听众的厌烦情绪。但是当我们数年如一日用严肃的口吻向教职员工反复强调同样的话题时，老师们就会看到管理层的执着态度，自然会慢慢将这些理念融入心中。

另一个建议，就是校长可以要求教职员工每年给他写两封信。在信中，首先说明自己认为学校和自己的工作目标分别是什么，然后提出自己应该做出哪些工作绩效。接下来，列出需要做哪些事情，才能达到目标；同时也列出学校做的哪些事情对老师们开展工作会形成助力，哪些又会形成阻力。

这两封信或许不能预防所有错误发生，但是至少会把所有关于目标的歧义摆在阳光下，显示出需要妥协的地方、需要深思熟虑的目标、需要改变的优先顺序和需要改变的行为。

这是一个看似简单却非常重要的工具，要实现“目标共享”，校长就要去了解每名老师的想法，然后花更多时间和他们交流并在目标层面达成一致。

中国近代史上重要的历史事件辛亥革命之所以在武汉爆发，是因为一个以新军士兵为主体的军中革命组织——文学社发挥了重要作用。与当时其他革命组织不同的一点在于，文学社不是自上而下，而是自下而上发展的。他们长期扎根于士兵中间，一个人一个人地交流“共和”的目标和信念，在近三千名新军士兵的心中注入“共和”的理想。正因为如此，虽然起义领导人被害，革命党人相继被抓，却依然可以由一线士兵发动起义，最终结束了清王朝和君主专制制度。

“花更多的时间让员工记得什么才是最重要的”，这句话说起来简单，却是领导力之父沃伦·本尼斯给组织的极少数建议之一。如果你的一言一行只谈及个人私利，那就意味着你只是把团队看成自我实现的工具。请相信我，这样的把戏很快就会被大家看穿，于是谁也不会再去认真执行你的要求，而你还在误以为，只要自己下达指令，团队成员就会任劳任怨地完成工作。

四、目标管理需要自上而下地释放权力

实施目标管理的第三步，是自上而下地释放权力。

芬兰政府的教学管理模式是高效的典范，他们给老师和学校最大的教学自主权。教育部每四年制定并公布核心课程纲要，其他如聘用师资、经营管理则由各学校自治，班级大小、课程内容、学生课表，每年上课几学期都由学校负责。至于教什么、怎么教、用什么教科书的自主权则下放给了教师。位于首都赫尔辛基的罗素高中的变革则更为彻底，他们甚至将选择上哪门课的权利都下放给了学生。

罗素高中要求学生只要修满学分即可毕业。学校没有固定的行政班，学校教学完全以课程为主，开设必修课和具有学校、地方特色的选修课，地方政府、学校、教师、学生以及家长都参与课程的制定。同一门课程开设内容和难度不同的课程模块。在这种模式下，学生可以根据自身学习情况自由选择课程。一方面，学生在选择自己感兴趣并且适合自己的课程后表现出了浓厚的学习热情和主动性。另一方面，教师必须不断地充实和提升自己，完善教学内容，改进教学方法，使课堂充满趣味性，让学生在有效的课堂时间内获取更多知识。这实现了办学目标和个人目标的良性循环。

罗素高中每位教职员工都清楚地知道学校的使命是什么，也知道为什么是这个使命，他们将自己的专业方向与使命结合起来制定工作目标。这些目标指出自己负责的学科和工作所要取得的成果是

什么；与此同时，这些目标还指出需要其他同事做出哪些贡献，以帮助他实现自己的目标——所有这些目标都来自学校使命的指引。

学校年度目标和学校年度计划，往往是学校制定、出台后下发教师执行，没有教师的参与。这种“我说你做，我安排你实施”的管理模式，经常导致“领会不足、落实不到位、执行力差”的结果，以致造成“上有政策，下有对策”的局面，整个学校变得没有生命力。

湖北省宜昌市天问小学校长王昌胜的做法是，在每年制定年度工作计划的时候，先请老师们分组就学校各方面工作的现状展开讨论：哪些是好的经验，需要坚持；哪些是有问题的，提出意见并探讨如何改进。老师们阐述时畅所欲言，学校再根据老师们的意见和建议，拿出初步计划。接着，将计划交给全体老师进行讨论、修改，然后定稿实施。这个过程很烦琐，需要花费大量的人力和时间。

既然很烦琐，王昌胜校长为什么还要坚持这样做呢？

因为这个过程意义重大，它体现了目标管理与自我控制的要求：将静态的计划文本管理变成动态的过程管理。讨论其实是教师倾诉心声、凝聚共识、建设文化的过程。讨论将学校目标变成每位老师自己的目标，将学校的计划变为每位老师自己的计划。这样一来，老师们不仅认同度高，实施起来执行力强，更重要的是老师们备感被尊重、信任和关注。

因此，我们必须正确理解“自我控制”。“参与”这个词有误导性，至少是一个有缺陷的说法。德鲁克先生认为：“组织内部的个体甘愿为获取组织的目标而集中奉献自己的精神和力量。这就是一种自我控制的能力：要让每个个人做出正确的贡献并且有能力进行自我评估，而不是靠外部评估与管理。理想的结果是产生奉献精神，而不仅仅是参与。”①

自我控制要求一所学校真正做到透明化，将所有与工作有关的信息分享给教职员工，使他们能够根据愿景、使命的指引以及目标的要求，自己控制工作的进程，而不仅仅是参与某一次协调会议。在今天的组织环境中，自上而下的模式往往是机能不良的，当我们看到诸如联邦、网络、族群、交叉职能团队、临时系统、专门任务小组、网格、模块、矩阵等新型组织结构时，就会发现它们没有一个是“自上而下”的。

不管校长本人有多少天赋，有多少资源，成果只能由教师和学生展现。没有全校所有教职员工的共同努力，任何奇迹都只能停留在文字上。所以，我们不应该对老师说：“这就是我们的目标，为了达到目标，您必须做出哪些努力呢？”正确的问法应该是：“基于我们学校的使命，您认为我们的目标、优先项和策略应该是什么？在未来的一两年内，要想为这些目标、优先项以及策略服务，学校应该对您有怎样的要求？您和您负责的工作与学校的目标、优先项以及策略有哪些是脱离的？若要实现这些目标，您必须做出哪些贡献并且获得怎样的成效？您看到了哪些重大机遇能够帮助您为学校做出贡献并获得绩效？您发现了哪些重大问题？”

---

① 德鲁克. 管理：使命、责任、实践：责任篇 [M]. 陈驯，译. 北京：机械工业出版社，2019：280.

今天很多组织仍然采用控制式的管理方式，即高层管理者把他们的目标自上而下强制推行，不管这些目标是否为当事人接受，也不论当事人面临的情况是否发生了变化。这种管理方式不仅是错误的、不切实际的，而且还是危险的，它将摧毁任何组织想要基业长青的雄心壮志。

五、实施目标管理要求学校必须赋能

实践目标管理的愿景，需要管理层在以下五个方面付出极大努力和耐心。

第一，向上沟通。应鼓励老师与校长沟通，详细了解彼此的工作目标，再由教职员工设定自己能够达成，并与领导层方向一致的工作目标。

第二，共同协商。由领导层复审教职员工为个人设定的目标，经双方商讨达成一致协议。

第三，砥砺士气。在实践过程中，领导层要时刻关心教职员工的执行情况，让老师们愿意自发地承担实现目标的责任。

第四，排除障碍。领导层有责任去辅导下属达成目标，帮助他们排除工作上的障碍。

第五，信息共享。领导层要确保下属能及时获得准确的信息，让老师们知道自己的进度和表现，能及时调整方向与节奏。

领导层应将这五个方面植入学校的日常运营中。在管理方式上每位干部应转变管理风格，成为教练式的管理者，成为教职员工的合作伙伴。

教练式管理可以改变校长与老师、学生的关系，因为它会强化过程沟通，完成校长从控制者到赋能者的转变。同时，管理团队定期与教职员工进行目标沟通与反思，可以保证大家理解目标的意义和价值，使老师、学生与管理团队在目标上达成共识，增加实现目标的可能性。

教练式管理者需要具备三项能力：对话的能力、提问的能力、反馈的能力。

第一，对话的能力。

对话与传统意义上的沟通不同，对话是双方共同参与的而非上级主导的，对话是彼此交流、互相信任的而非命令与指派，对话是自由和坦诚的而非压力与纠结。进行对话，校长首先要做的是同理心倾听，即心理换位，设身处地聆听师生在工作和学习中遇到的问题。

在对话中，我们常犯的错误是总想在逻辑上战胜对方，而不是用同理心去感受对方，然后急于提出建议或者给予安慰。如果一个人想要别人了解他的处境，结果听到的却是安慰和建议，仿佛自己做错了什么事情，那么，他就有可能陷入情绪的对抗中。

第二，提问的能力。

提问是指通过提出适当的问题，激发被指导者自发性思考，帮助被指导者自行找到解决问题的方法，从而提高被指导者解决问题的能力。有力的提问充满智慧，不仅能够支持被指导者发掘新的视野，扩大思考领域，更能激励被指导者将想法付诸行动。有力的提问通常都是开放性的，即没有标准答案的扩散性提问，它会促使人们深思熟虑。一个教练式校长运用开放式提问能够表达出对被指导者的尊重。这包含了对人们有能力自己找到答案的期待。

我们在面对任何问题时都可以灵活运用“5W2H”构建开放式提问，为什么（Why）、什么（What）、何人（Who）、何时（When）、何地（Where）、如何（How）、多少（How much）。这种提问方式简单、方便，易于理解、使用，富有启发意义，广泛用于企业管理和技术活动，对决策和执行性的活动措施也非常有帮助。

第三，反馈的能力。

反馈是让老师们知道哪些是他们做得好的地方，需要持续精进，哪些是需要调整的地方，需要及时中止并给出改善的建议。及时反馈可以提高老师们的敬业度，强化他们的工作动机。反馈要具体、客观，根据不同场景，可以分为欣赏式反馈和发展性反馈。

欣赏式反馈是对教职员工的认可，可以激励他们，使他们拥有自信，可以改善人际关系。陶行知先生四块糖的故事，就是通过对一名学生持续的认可、鼓励，帮助学生树立正确的行为导向，不仅保护了学生的自尊，而且在不经意间进行了教育。对一个孩子来说这是多么温暖，这就是欣赏式反馈的价值。

发展性反馈有别于责难，是指出具体的行为，提示改善的方向，目的是帮助对方从错误中汲取教训，从而改善行为表现。很多校长对教职员工的错误总是觉得难于启齿，德鲁克对此再三告诫：“由于能力不足而无法胜任工作，其实受创最深的还是员工自己。当员工绩效显示出有调整工作的必要性时，无论个人情况如何，管理者都必须痛下决心，采取行动。”[①]

山东省文登市实验小学每个星期一都召开教职工大会，校长侯溪萍都会利用会议的机会对老师们做出的成绩和突出的表现大加表扬，也会对不好的现象和存在的问题不留情面地批评。但批评都是关起门来批评，只在学校内讲，只对教师讲。在侯溪萍校长看来，学校的制度就是学校的法，只有执法如山，才能是非分明、公正公平。正是因为这样，受到批评的教师才会心服口服，甚至感激校长。

总之，如果使用得当，学校非常适合运行目标管理与自我控制。它可以使学校的人力资源得到充分利用。当组织中的每一位成员都齐心协力时，组织就能发展成为一个可以自我生长的有机体。这就可以体现出德鲁克所说的管理原则，即“能让个人充分发挥特长，凝聚共同的愿景和一致的努力方向，建立团队工作，调和个人目标和共同福祉的原则”[②]。

问题思考

1. 你认为学校正在实施的是目标管理还是指标管理？如何确保

① 德鲁克. 管理：使命、责任：实务篇［M］. 王永贵，译. 北京：机械工业出版社，2009：120.

② 德鲁克. 管理的实践［M］. 齐若兰，译. 北京：机械工业出版社，2009：110.

教职员工不偏离目标管理的航道？

2. 你计划用什么方法来实现团队目标共享？

3. 为了让老师实现自我管理，你应该做出什么改变？

下篇

人的管理

第7章 知识工作者的管理

知识工作者必然是专家，这个事实的第二个意义是他们需要以组织成员的身份开展工作，而且这个意义是同样重要的。只有组织才能保证让知识工作者发挥作用所需要的基本连续性，才能将知识工作者的专业知识转化为绩效。

——德鲁克《巨变时代的管理》

第20章《社会变革的世纪》

学校是典型的知识型组织。这样的组织获得领先优势的唯一方法，就是以校长为代表的管理团队必须花时间跟老师们一起工作，想方设法提升他们工作的成效，让他们在工作中找到成就感和满足感，优化每位老师的生产力。这些老师都是某一领域的专才，身为校长，你要去了解他们，也要让他们有机会了解你。同时，你还要去培养他们，倾听他们，鼓励他们，因为他们是学校最重要的资源，是学校取得教育成果的关键。

1969 年，德鲁克第一次使用"知识工作者"一词，并在后来的一系列著作中多次讨论提高知识工作者生产率的方法。在 1999 年《21 世纪的管理挑战》一书中更是前瞻性地指出，从现在起 50 年内，在提高知识工作者的生产率方面采取最具系统化的措施，且做得最成功的国家和行业，将挤入世界经济的前列。

一、知识社会对教育的影响

要理解作为知识工作者的教师，我们首先必须认识一下在第二次世界大战后孕育的知识社会。无论是发达国家还是新兴的发展中国家，都必须面对已经进入知识社会的现实。知识和其他生产工具最大的不同在于，它不能继承，不能直接留给后代，所以要获得知识，每个人都必须从头学起。在这一点上，知识社会实现了人人生而平等。

教育的目的和内涵必须随知识社会的到来而改变，综合来看，知识社会对教育的影响主要体现在以下三个方面。

1. 信息革命彻底消除了教育的疆界

由于互联网的扩张，无论距离远近，信息都可以在瞬间传递，这是史无前例的信息爆炸时代。尽管它发端于企业，始于商业信息，但是席卷了社会中的所有组织，当然也包括学校。德鲁克认为："信息技术虽然只是下一个社会的诸多新特性中的一种，却已造成极为重大的影响：它使知识可以在瞬间传播，使知识对每个人敞开大门。"[①] 目前信息革命的产物，譬如小型计算机、卫星直播、互联网正从四面八方渗入学校。新型冠状病毒的流行更是迫使全球各地都在进行远程教学的实验。如果事实证明远程教学是成功的，那么教

① 德鲁克. 下一个社会的管理［M］. 蔡文燕，译. 北京：机械工业出版社，2006：144.

育的变革就将成为这场危机导致的重大改变之一。其实，无论如何，相信在未来几十年，互联网一定会改变教与学的方式。

2. 知识社会改变了教育的内涵

在过去的200年里，教育的内涵发生了巨大变化，内容从仅限于人文学科发展到应用科学，出现了专科教育。这种专科教育随着工业社会的发展分得越来越细，最终出现文科、理科和工科三个教育领域，为工业社会的发展提供了大量专业人才。

知识社会需要的是能融合跨领域知识进行创新的人才。知识社会是由各种知识构成的社会，每一种专业知识都有可能在不同领域找到用武之地，因此知识型人才需要了解其他专业领域，才能给自己的专业知识找到更多应用机会。这意味着知识不再是书本知识，学校必须以培养全面发展的人为目的。全面发展意味着要具备快速学习的能力，并且把所学知识融会贯通。这要求学生既能在某些专业领域深入学习，又能快速学习其他领域的基本知识；既有操作的能力，又有分析、理解和感知的能力；既能深入思考，又能有广阔的视野。

3. 知识社会将推动教育变革

在知识社会，学校须担负起绩效的责任。这个绩效就是培养出15 — 20年后真正能带领人类迈向未来的人才，也就是在快速变化的社会中能不断发展的人才。所以，很明显，知识社会对学校和教育的需求已经改变。

如今的中小学教育以考上大学为目标，而不是以培养个人的学习能力、辨识能力和基本素养为目标，所采用的方法还是以重复性练习和背诵为主。大学教育要求学生入学前就选定自己的专业，很多人上大学后才发现这不是自己真正喜欢的专业，但也不得不花数年时间学习。另外，学生所学的教材和老师所讲授的知识大多在毕业时就已经过时，这使得他们进入工作岗位时还需要重新学习和适应早已变化了的知识。最重要的是，他们仍然没有学会学习。狭窄的专业视野使他们无法快速了解其他领域的知识，更无法洞悉已经发生的变化。

这三种特性加在一起，会使知识社会变成一个充满激烈竞争的社会，无论对组织还是个人来说都是如此。知识社会的到来必然推动教育变革走向深入。这需要我们对教育的目的及内涵有更明确的定义，这样才能把教育变革的努力引导到正确的方向上。

二、知识工作者的特点

在互联网时代到来很久以前，德鲁克就已经预言，随着知识社会的到来，在自信和成就感的激励下，将出现一种不同类型的员工，这就是“知识工作者”。他们是一群运用知识开展工作的人，主要工作是解释、剖析和解决问题，所要用的是智力而不是体力。知识是知识工作者的生产工具，由知识工作者拥有。知识工作者是知识社会的主力军，他们有三个明显不同于体力工作者的特点。

1. 流动性

传统的劳动者忠诚于他所服务的组织，而知识工作者更忠诚于他们的知识和职业。知识工作者大都以他们的专业技能为主，一旦有更高追求而组织不能满足时，就会离开组织。作为教育一线从业者的教师典型地具有这样的特点，他们在专业领域里不断打磨，视专业为自己的生命，一旦发现所在学校无法实现自己的专业价值，就会心生厌恶。教师的这种流动欲望是特别值得理解和关注的。随着国家人才管理制度的变化，教师的流动性正在逐渐加强，呈现出从一般学校向名校流动、从偏远学校向城市学校流动、从薄弱学校向优质学校流动的趋势。

人才流动变得活跃将会是大趋势，如何留住知识工作者，又如何胸怀社会和个人的需要，是对校长平衡力的新挑战。

2. 自主创新性

普通的劳动者从事的工作大都是机械性的重复劳动，只需要按照组织规定的流程从事生产与服务即可，而知识工作者从事的工作并不是机械性劳动，而是凭借自己的知识、经验在复杂环境中进行具有挑战性的工作，最终促进技术发展，完善组织的产品与服务。优秀教师凭借专业知识在不同领域成为翘楚，他们大都具备自我激励、自我控制、不喜欢被人束缚的特点。

3. 复杂性

与普通劳动者相比，知识工作者的劳动过程是复杂的，他们的工作以脑力为主，其性质决定了没有传统劳动所具有的规范性。由于劳动过程的非程序化，因此对劳动的考核就具有复杂性。每个学生都是单独的个体，需要因材施教。知识工作者的劳动成果也是复杂的，难以测量，不能简单用考试分数来衡量教师工作的成败。这里还涉及道德教育、艺术教育、体育教育、生活教育等多个因素。

教师是典型的知识工作者，个人价值的实现是其重要目标。然而，很多学校并没有真正理解教师，他们不注重教师的培训与发展，只关注学生的考试分数。他们缺乏有效的教师培训激励方式，这往往导致教师的知识与年龄同步老化。同时，学校缺乏科学合理的绩效考评体系，不能正确反映教师的真实表现，或者缺乏良好的学校文化，教师的能力无法得到施展，对学校失去信心，这往往会增加他们的不公平感和失落感。

三、学校态度的改变

教师已经代替校舍、教材成为学校最大的资产，为了吸引和留住这些资产，我们第一个要做的事情就是改变学校固有的观念，真正视教师为组织的主要资产。

在弗雷德里克·泰勒之后，体力工作者明白，为实现效率最大化，管理者正在仔细观察他们的一举一动。然而，这套做法对知识工作者却行不通，因为他们的工作大多在大脑中进行。所以，管理知识工作与知识工作者需要更多想象力、勇气与领导力，在某些方面，它比管理体力工作者更吃力。比如，在过去很长一段时期里，管理阶层以“畏惧的武器”取代对劳工的管理，因为劳工害怕失去工作，害怕失去经济能力，害怕公司的守卫，害怕政府的警力……管理阶层就利用他们的畏惧心理来控制他们而非管理他们。而这些“畏惧的武器”对知识工作与知识工作者可以说一点儿都不管用，知识工作者不会因为畏惧而变得有生产力，相反，他们不是由此产生反抗心理，就是变得畏首畏尾、毫无活力。唯有自我激励与自我命令才能使他们有生产力。如果缺乏成就感，他们就不可能卓有成效地开展工作。

王昌胜先生刚做湖北省宜昌市天问小学校长时征集教师的意见，老师们反映“每天开晨会价值不大，流于形式”。然而，王昌胜校长与行政人员协商能否取消晨会时，中层干部却担心老师们不能自觉按时到岗。有人说可以实行签到制，这样做既可以取消晨会，又可以管住老师们的迟到。对此，王昌胜校长的观点是：“我们首先要相信老师都是向善的，都是高素质的。不能一味地想着怎么管住老师。教师的工作富含创造性，激发教师的自主性和创造性很重要，仅仅靠管是管不出创造性和自主性的。管得太死，老师哪有创造的空间？被管着，好心情都没有了，还谈什么自主？经常用检查、督促的方式来管理老师，老师们可能会因此‘就做你检查的，不做你希望的’，那就得不偿失了。”后来，天问小学取消了晨会，也不用签到，结果三年下来，老师们在考勤上并没有出现大问题。

我们总希望教师对学生的教育能多一点儿激励、包容、耐心和民主，那么我们对老师的管理也应该多一些倡导、协商、发现和平等。老师有什么样的体验，就会把这种体验传递给学生。

教师因为其能力与知识而拥有自主性，学校的任务是让他们能够在组织中感受到思想独立与价值创造的可能。

应该有哪些改变呢？

第一，明确教师的任务是什么。这是提高知识工作者生产率最关键的问题。

这里的任务不是指一般的标准岗位和职责描述，而是根据不同情况和需要因人而异的。岗位同样是教师，职责都是教学，但任务可能是帮助留守儿童融入课堂，可能是配合新旧校园的过渡，可能是推行新的教学理念，可能是辅导和协助新教师成长，可能是准备进入领导岗位……总之，我们必须知道，教师需要一个明确的答案。体力工作者非常清楚自己的任务是什么，而知识工作者的任务经常是不清晰的。知识工作者注重工作目的甚至多于注重薪水，他们需要知道自己为什么要做这份工作，需要从工作中获得成就感。因此，他们更加看重“这份工作是有重要意义的”，而非“这份工作能获得高薪”。

第二，让教师自我管理，对工作拥有自主权。

如果说校长是学校的首席执行官，那么教师就是各个事业部的负责人。要真正激发教师的工作主动性和创造性，就必须给他们工作的自主权。这里谈的是分权系统而不是常规意义上的授权。也就是说，通过分权把应该由教师做的工作真正交给教师去做。这会带来整个学校生产力的提高。同时，这也提出了新要求——教师需要具备管理者的思维方式，运用教练式的工作方法，对自己的人际关系和所负责的任务负完全责任。

第三，让教师努力创新。

要在制度化的学校里实现教育梦想不是一件容易的事，创新并不仅仅是校长的事，而是每一位教育从业者的共同挑战。这必然要求教师在教学方法上与时俱进，不断更新，竭尽所能发掘每个学生最好的学习方式。校长应推动每位教师在教育模式上勇于做出新尝试。

第四，让教师获得学习和成长的机会。

知识工作者对自我成长的要求较高，更加注重组织是否能够提供自我成长的空间。校长应该鼓励和支持每位老师参加本学科的教学研讨，甚至参加不同学科、不同领域的学习，以突破知识的局限。

新加坡华侨中学是一所在国际教育界享有盛名的中学，原名为新加坡南洋华侨中学，是已故华侨领袖陈嘉庚于1919年创办的。至今，华侨中学培养了数十名获得总统奖学金的学生。华侨中学一直秉承的信念就是“有好老师才有好学生”，学校视老师为最大资产，花了很大精力在老师身上。比如，2000年与西澳大学签订合作协议，每年让大约20名教师修读硕士课程，让有意自我提升的教师不必辞职也可以修读高级学位；同时，学校还邀请西澳大学的教授每年假期来校园授课。再如，2007年学校设立“卓越教研中心”，协助老师不断提升，同时他们为新加入的老师设计学校特有的教学原理、教学法、教学实践等培训课程。

第五，改变绩效衡量方式。

衡量知识工作者生产率的最重要指标是质量而不是数量，是效果而不是效率。校长需要按学校的办学理念界定质量的衡量标准，让教师明白自己的工作目标和努力方向。

第六，发挥教师的优势。

让人力资产增值并持续为学校创造价值的方法就是让其优势富有生产力。发挥优势不但能提高人的敬业度，创造更高的劳动生产率，更可以提升人的幸福感。要释放老师的潜能，我们就应该更多关注老师们在课堂上的表现，而不是老师们的缺点。

2000 年，浙江省杭州市第二中学从老城区搬到郊区，因为路途遥远，老师们经常出现迟到、早退的现象。有人建议时任校长叶翠微买一台打卡机，这样谁迟到谁没有迟到就一目了然了。叶翠微校长当场拒绝："打卡机实行的是工业文明下把人当作物的管理，而不是对人的管理。"他经常说的一句话是："让一个有缺点的人走在校园里，天不会塌下来。"想想看，是不是这样呢？如果老师被管得战战兢兢，生活得不够从容、优雅，那么当他站在课堂上的时候，哪里还会有足够的魅力和专注？在叶翠微校长看来，小节问题不是老师们的核心形态，他们的核心形态只表现在课堂上，只要他有独特的方式让学生喜欢，有深厚的学识让学生佩服，就足够了。叶翠微的观点正是知识社会中组织改变态度的思考方式。

随着知识工作者在越来越多的情况下成为组织的主要资产，我们必须重新审视学校现有的流程和制度："为了吸引和留住生产率最高的知识工作者，我们需要做什么呢？为了提高他们的生产率，并将提高的生产率转化为组织的绩效和能力，我们还需要做什么呢？"①

四、校长的七个管理职责

为了让身为知识工作者的教师更好地发挥生产力，校长的管理角色必须做出重大改变，校长必须运用工作的机会把握每个教师的独特属性，然后采取有针对性的策略。

第一，帮助每个团队成员认识自己的长处。应把老师安排在能够发挥他们所长的岗位上，因为组织存在的目的是让成员的长处富有生产力。聚焦成员的优势会给学校带来真正的机会。

第二，和每个人沟通他们的目标、具体期待和衡量指标，确保他们知晓期望的结果。还要详细告诉大家达成目标必须遵循的程序，他们应该如何判断事情的成败，有哪些特定的评价标准，截止日期是哪天，如何评定质量，等等。在目标方面和老师们沟通得越具体，对老师们的帮助就越大。

第三，树立信任。孔子说："自古皆有死，民无信不立。"（《论语·颜渊》）。一个互信的团队，能够建立起组织韧性。当危机来临

① 德鲁克．21世纪的管理挑战［M］．朱雁斌，译．北京：机械工业出版社，2006：133.

时，他们可以迅速聚集并构建新团队。对老师的信任能增加他们的信心，他们的承诺则能极大地激发工作热情。

第四，提醒注意潜在风险。身为管理者，你要协助制定预防措施，以免薄弱环节危及整体的成功。应该了解每位老师的特点、他们容易出现问题的地方。对困难较大的工作，应该防患于未然，向老师提出建议，在局面恶化前能得到你的进一步指导。

第五，给每位老师以明确的反馈。下属都希望得到领导者的直接反馈。在很多人力资源专家看来，众多领导者缺乏向成员提供真实有用反馈的技能。

江西省鹰潭市师范附属小学每周五下午定期召开赞赏会，校长亲自感谢老师们为教育孩子所付出的艰苦劳动，感谢老师对学校工作的大力支持。同时，对学校的好人好事或取得成绩的教职工进行当面赞赏。真诚地欣赏每位教师是领导者应该具备的“慷慨基因”。不吝啬对任何一位教师的鼓励与赞美，乐于真心实意地为教师的成长喝彩，会让每位教师感受到自己重要。

在北京市十一学校，这样的反馈形式更加多样。比如，学校把许多学生给老师写的令人感动的评语汇总在一张贺卡上，在新年的第一天郑重地交给老师。学校每个月举办一次“生日会”，每年有一个主题，其中一年的主题是“寻找身边的感动”。工会录制寿星老师的同事、学生对他的赞美，在生日聚会现场播放，这令老师们感动不已。退休的老师都会收到一份“退休纪念册”，展示的是他们在学校闪光的业绩和历史。

第六，关注每位老师的意愿度。如果老师在工作时始终存在负面情绪，要去梳理和了解负面情绪存在的原因，甚至要了解更多背景信息。

第七，关注老师的技能水平。要学会提问题。比如，问问老师最近对课堂有什么新思路，然后倾听、思考，接着说出自己的观察，只做描述，不贴标签，通过这样的反馈过程可以判断一位老师的技能水平。然后，我们就可以提供培养的具体路径，以持续提升他的技能。

问题思考

1. 在实际工作中，如何让老师的工作热情得到激发，使他持续保持高品质教学？

2. 学校年轻老师的特点，对管理方式提出了什么样的挑战？

3. 近五年来，你个人在领导知识工作者开展工作方面最深刻的体会有哪些？这与过去有何不同？

第8章 卓有成效的自我管理

知识工作者的寿命可能超过向他们提供就业机会的组织的寿命……人们的平均工作年限很可能长达50年……而成功企业的平均寿命只有30年……因此，劳动者，特别是知识工作者的寿命逐渐会超过雇用他们的组织，而且他们需要做的工作、执行的任务和从事的职业都将不止一个，他们需要为此做好准备。

——德鲁克《21世纪的管理挑战》

第6章《自我管理》

校长是学校的灵魂，核心工作是领导团队实现学校的使命。然而，要领导他人，我们必须从管理自我开始，因为管理他人的能力从来不会也不曾超过自我管理的能力。

自我管理对校长之所以很重要，是因为校长的工作现实：在学校内部必然会受到学校和现有教育体制的局限，而成果则存在于学校外部；工作必须得到老师的通力合作才能有效推进；时间往往属于老师、家长、学生，唯独不属于自己；有很多日常工作需要处理，却无法明确工作的重点，即使明确了工作的重点，也没有充足的时间；有很多决策要做，却又没有为真正重要的决策留下足够的时间。

学校的工作就像企业管理层面临的局面，如果事无巨细，不分轻重缓急地去处理，结果就只有随波逐流，最后被工作淹没。因此，学校工作效能的提高首先源于校长本人工作的有效性，就像一家企业运营的有效性首先源自首席执行官的有效性一样。此外，校长还需要运用自我管理的契机来发展自己和老师们的职业生涯，从而拥有成功而有意义的人生。

基于这样的现实，我们建议校长从改变自己开始，以提高工作的有效性。

一、成为时间的主人

时间是我们最宝贵的资源，却被大多数人严重浪费和低估。如果你有意留心观察自己时间的利用情况，结果往往会大吃一惊：频繁的日常事务，层出不穷的意外事件，各种危机、人事决策常常让我们头晕目眩。很多校长工作了一天，但当你问他们这一天都做了什么的时候，他们却很难回忆起来，因为他们的时间被切割得七零八碎，没有给真正重要的事情留下足够的时间，这就是校长工作的常态。

时间也是最特殊的一项资源。之所以说它最特殊，是因为相比资金或者人力资源来说，只有时间，是我们租不到，借不到，也买不到的，更不能以其他手段来获得。时间的供给，丝毫没有弹性，不管需求有多大，供给量也绝不可能增加，更没有价格可供调节；而且稍纵即逝，根本无法储存，昨天过去了，就永远不会再回来。

因此，在这里向大家郑重建议：记录自己时间的使用情况。也就是记录一天中的每一个小时自己到底在做什么，这样坚持一周就可以获得时间管理的原始素材。很多校长对此或许不以为然，他们认为自己很清楚自己时间的消耗情况。而实际上，我们甚至无法回忆起昨天自己做过什么事情，而且我们所做的事情是否重要也是需要评估的。记录时间就好像给自己的工作做一次体检，从而了解自己在时间管理方面到底存在什么样的问题、工作的重心究竟放在了哪里、轻重缓急是否做到了有效安排，等等。

所以，记录时间一定要客观、准确、诚实，最好坚持每半年做一次，每次一周到两周。虽然听起来有些辛苦，但事实证明，这样的投入是完全值得的。一位校长在记录完毕后，非常震惊地看到自己在会议上投入了大量无效时间，因此彻底改善了学校的会议系统，让整个学校受益良多。

要记录时间，大家可以在智能手机上使用类似“时间小书”“时间记录”一类的时间管理软件。它们不仅方便快捷，而且会自动生成时间使用图表。这样我们就可以在记录完毕后诊断自己的时间使用情况了。您可以面对自己的时间使用图表，认真问自己下列问题并给出答案。

在所有事务性工作中，什么事情是我根本不必做，做了也完全是浪费时间的？

哪些工作可以由别人代做而又不影响工作效果？

哪些突发事件占用了我的时间？这些突发事件发生的频率有多高？发生的原因到底是什么？如果下次再发生，应该如何处理？

哪些浪费时间的问题是因为学校缺乏制度或远见而产生的？

哪些浪费时间的问题是由人员过多造成的？

在一天时间里，自己最高效的时间点是什么时候？这个时候我是否在处理一天中最重要的工作？

我在这段时间里在会议上花了多长时间？这些会议是否有浪费时间的现象，会议的流程可以做怎样的调整？哪些会议事实上是可以取消的？

我与家长、老师、学生的沟通时间有多长？成本是否太高？随着科技的进步，是否有更有效便捷的沟通方法？

…………

在诊断过程中，请一定不要放过任何一种可能性，也不要把现象当作结论，而是通过连续问“为什么”的方式去寻找问题背后的真相。比如，通过审视时间使用图表，一位校长发现他的很多临时性工作来自每天都要面对的签字工作，而原因是自己的作息表没有分享给老师；一位主管教学的副校长发现他的很多临时工作来自家长的咨询电话，而原因是学校没有与家长沟通的日常机制；一位教研组组长发现他需要花很多时间与教师沟通发展方向，因为学校没有为年轻老师的发展做出整体规划……只有当你真正意识到这些问题对工作有效性的伤害时，你才有可能正视这些问题。

李希贵校长在山东省高密第一中学期间曾经遇到过这样一件事情：下午第一节课总是有很多学生迟到。经过统计发现，大部分迟到者是在学生公寓住宿的学生。在这种情况下我们会习惯性地指责学生懒惰，不遵守时间，而李希贵校长经过深入分析后发现，学生迟到的真实原因不是不遵守纪律，恰恰是遵守纪律。为什么这么说呢？学生起床第一时间要洗一把脸，却发现洗手间的水龙头不够用，要排队，于是那些遵守纪律排在后面的学生就会迟到。因此，真正的问题不是纪律问题，而是水龙头太少。后来，学校通过增加水龙头的方式彻底解决了这个问题。

我们建议您和团队成员一起做时间记录，然后召开时间分析会。学校管理中的很多问题在这个时候都会无所遁形，有针对性的解决方案也会自然而然地涌现。我们还建议您个人在时间诊断结束之后对自己的碎片时间进行有机整合，集中大块时间做对学校真正重要的事情。要知道，对足够重要的工作，如果没有整块时间进行深度思考的话，就会导致思考的广度和深度出现问题。

总之，做时间记录的有效性已经被众多企业高级经理人、学校校长、医院院长、政府公务人员以及无数创业者反复印证，它不需要很多智慧，而需要足够的勇气和决心，方法简单易行，但效果却令人惊诧不已。正如德鲁克所说："'认识你自己'这句充满智慧的哲言，对我们一般人来说，真是太难理解了。可是，'认识你的时间'却是任何人只要肯做就能做到的，这是通向贡献和有效性之路。"①

二、"要事第一"的工作原则

近年来，很多校长共同的感受是：工作内容不断增加，负荷不断加重，安全、质量、稳定、外部关系等压力不断加大，业务发展与领导工作存在冲突，加之各类琐事缠身，每天忙忙碌碌于很多具

① 德鲁克. 卓有成效的管理者［M］. 许是祥，译. 北京：机械工业出版社，2009：50.

体工作中。虽然很辛苦，但一天下来有效的事情却做得不多。更严重的是，当校长们用战术的勤奋面对层出不穷的工作时，暴露出来的恰恰是战略的懒惰，他们没有精力也没有时间考虑对学校发展真正重要的工作，结果影响整个学校的发展。

当校长面前摆着很多工作要做的时候，到底哪些可以缓一缓再做，哪些应当立刻就做呢？如果只是根据压力来判断，必将延误重大事项，而且还会形成误导，因为这样做片面强调了工作的一个方面而损害了其他方面，会造成学校管理工作的无序。这反映了管理层不懂得怎么规划工作。

懂得自我管理的校长一定不会把工作的主动性交给压力，而是做到“要事第一”，因为他知道学校的资源是有限的，人的时间也是有限的，所以必须思考如何正确使用学校的资源和自己的时间，使自己可以发挥最大的价值。他们不会在各种各样的问题上浪费自己的时间，他们的思维方式是预防型的，他们总是能够做到防患于未然。当然，不能说他们没有真正意义上的危机和紧急情况需要处理，但是这类事件相对来说很少，他们应该能够平衡产出和产能的关系，将时间和精力集中到真正重要的事务上。

要做到“要事第一”，有三个要求。

1. 设计要事的指路标

对一些临时事件，只要审视一下对学校有无贡献、对本人有无贡献就可以即时做出处理。要判断一件事情是否重要，就需要建立识别要事的框架，也就是以学校的使命和目标所形成的工作标准为基础，然后基于“要事第一”的四个指路标来判断、排列、添加、删除并定期进行检查。这四个指路标是：在“过去”和“未来”的争执中，选择“未来”；聚焦机会，胜于聚焦困难；选择自己的方向，胜于追赶时尚；瞄准高目标、与众不同的事情，胜于去做“安全”、容易做的事情。

明确要事的这四个原则可以使你在任何时候都能很好地定位自己，然后重新调整自己工作的模式。请注意，要尽量把重要的事情在变得紧急前处理好，先处理重要而不紧急的事，让你有机会在没有压力的情况下有更多思考和准备。重要而紧急的事有时无法避免，但人在高压情况下做的决策，质量一定不高，也容易犯错。

2. 保持专注的状态

校长要让自己的工作卓有成效，最大的秘诀就是让自己保持专注的状态：集中精力，同一时间只做一件事情。

这当然与前面提及的校长的工作现实有关：需要完成的工作很多，但时间总是有限的，而且我们的工作总是会被各种各样的意外打扰。正是因为如此，“专注”对校长来说才弥足珍贵。我们当然不能保证一天都保持高度专注或者没人打扰的状态，这是不可能的，但我们却可以尝试在 90 分钟时间里让自己全力以赴，进入“深度工作”的状态。所谓“深度工作”是指在无干扰的状态下专注进行职业活动，充分挖掘人的认知能力。这种能力能够创造新价值，改善技能，而且难以复制。一旦你尝试过这种酣畅工作的状态，我相信你会真正喜欢上它。甚至只要 90 分钟就有可能完成原来需要一天才能完成的工作，不仅高效，也使人感到充满动力和能量。

用这种方式，你很容易完成大量工作。要知道许多顶尖创意工作者每天只工作 3 — 5 个小时，但在工作期间，其工作状态会深度专注并毫无干扰，这是知识工作者应该有的工作方式。所以，你不必屈服于传统文化的偏见，认为每天工作 8 个多小时就能让自己变得更多产。对体力工作者和一些重复性任务而言或许如此，但这不适用于知识工作者和创造性工作。很多人都可通过短时间内高能量地专注工作，享受到惊人的流畅创作状态，并取得伟大成果。

瓦·阿·苏霍姆林斯基是苏联著名教育实践家和教育理论家。他从 17 岁即开始投身教育工作，直到逝世。在做校长期间，他一天的作息是这样的：每天早晨七点到七点半，在门口迎接每一个学生，也迎接每一个老师。然后他开始在校园里转。八点钟开始，各班自己检查作业，并把作业集中到苏霍姆林斯基那里去；苏霍姆林斯基便在办公室里检查，看看哪些学生没有完成作业。检查完作业之后，他便去上课，上一节或两节。然后听课，并和老师交换意见，直到中午。下午两点，学生们放学回家了，一直到五点学校都非常安静，这段时间，是苏霍姆林斯基阅读和写作的时间。五点钟，学生们又回到学校，开展各种活动，苏霍姆林斯基又来到学生们中间和他们一起活动，一直到七点钟。七点到八点，是学校的晚会。学生回家后，晚上九点到凌晨一点，又是苏霍姆林斯基的写作时间。如此周而复始，日复一日。工作期间，苏霍姆林斯基始终保持高度专注，其有效性通过帕夫雷什中学的成就可见一斑。

就像德鲁克所说的："管理者越是想做重大的贡献，越是需要有更长的'整块时间'。管理者越是想将繁忙纷杂转化为成就，越是需要持续不断的努力，越需要较长的连续性的时间。然而，即使只想'偷得浮生半日闲'来处理真正有生产性的工作，也要具备非常大的勇气和决心。"①

3. 学会说"不"

决定哪些工作应该优先、哪些工作可以延缓的问题，最重要的并不是分析，而是勇气。一位希望自己工作有效，也希望学校能有效运转的校长，必须定期审视所有计划、活动和任务，然后问问自己："这些事情还值得做吗？"如果认为不再值得，就应该立即放弃。只有如此，你才有可能集中精力专注于少数任务。

作为一名作家、导师和企业高管顾问，德鲁克非常成功，但也饱受名人之累。为了避免太多打扰，他在收到邀请后会给对方发出一张明信片，在明信片的后面打印有这样一段话："彼得·德鲁克先生对您的盛情不胜感激，恕本人对以下事情不能效力：投稿或作序，稿评或书评，讨论或座谈，加入任何委员会或董事会，填写调查表，在电台或电视台抛头露面，等等。"然后附上自己的亲笔签名。

① 德鲁克. 卓有成效的管理者［M］. 许是祥，译. 北京：机械工业出版社，2009：97.

要做到这一点并不容易。过去的成功往往留下无尽的影响，远远超过成功的有效期，特别是某些初衷很好的制度、决策、活动，随着时间的流逝慢慢变得过时，不再符合现在的要求，甚至看起来有些愚蠢。除非它们被无情地砍掉，否则它们将会抽干一所学校的血液，浪费老师们大量的时间和精力。

李镇西校长曾经在《中国教育报》上撰文公开声明：成都市武侯实验中学谢绝参观考察。一个非常重要的原因是源源不断的考察团让学校难以承受，几乎所有参观者来了后，都希望校长出面介绍学校的基本情况，然后由德育、教学各部门主任介绍学校的具体操作，还要听课、座谈……这使校园失去应有的宁静，正常的教育教学秩序受到影响，同时消耗了校长及其管理团队的大量时间，综合考虑之下，李镇西校长做出了这个“不”的决定。

校长的特殊职责就是承诺把今天学校的资源投入创造未来的过程中，所以问问自己：“假设我们没有做这个，现在我们还会做吗？”如果我们的答案是“不”，那么就接着问问自己：“那么我们应该怎么办呢？”要做出这样的决定并不容易，如同德鲁克所说：“集中精力，全神贯注于一项工作，首先要有足够的勇气，要敢于决定真正该做和真正先做的工作。只有这样，管理者才能成为时间和任务的‘主宰’，而不会成为他们的奴隶。”①

① 德鲁克. 卓有成效的管理者［M］. 许是祥，译. 北京：机械工业出版社，2009：109.

未雨绸缪，目光远大，是校长的天职。

三、重视对外部的贡献

德鲁克非常看重贡献对管理者的意义，他曾经说：“重视贡献，才能使管理者的注意力不为其本身的专长所限，不为其本身的技术所限，不为其本身所属的部门所限，才能看到整体的绩效，同时也才能使他更加重视外部世界。只有外部世界才是产生成果的地方。因此，他会考虑自己的技能、专长、作用，以及所属的单位与整个组织及组织目标的关系。”[①]

重视贡献是校长工作有效性的关键。有效性主要表现在以下三个方面。

①自己的工作，包括工作内容、工作水准及工作影响是有效的。

②自己与他人的关系，包括与老师、学生、家长、社区和上级的关系是有效的。

③各项管理手段，包括会议、报告、评估等的运用是有效的。

要取得这样的有效性，我们需要问自己一个问题：“对我所服务的学校，我能贡献什么？”这个问题听起来似乎很普通，但它会让我们突破专业和思维的局限。如果我们不问自己这个问题，我们就不会有远大的工作目标，而只会满足于已经取得的成绩，认为自己已

① 德鲁克. 卓有成效的管理者 [M]. 许是祥，译. 北京：机械工业出版社，2009：52.

经做得不错了。事实上，许多工作看起来成绩辉煌，但是与潜在的贡献比起来，实在微不足道。

我们把贡献分为三个层面。

第一，直接成果。任何组织要生存下去，就一定要有直接成果。就像人体需要营养食物一样，对一所学校而言，成果显而易见地体现在学生身上。这需要结合学校的使命进行透彻的思考："我们希望通过学校的教育活动达成什么样的成果？十年后，学生会认为在我们学校所获得的最宝贵的人生财富是什么？是什么让他们为在我们学校读书而感到骄傲？"对这些问题的回答将会让我们对成果的思考变得更加清晰。

第二，兑现学校价值观的承诺。组织需要价值观就像人体除了三大营养素还少不了维生素和矿物质一样。每一所学校都必须有自己价值观的承诺，价值观就好像一所学校的无形宪法，告诉我们什么是对的、什么是错的。学校通过制度、流程以及每位管理者的以身作则去兑现组织的价值观，将价值观不断传递给每名学生，从而让学校拥有自己的灵魂。

第三，培养和发展人才。学校里总会不断有新老师加入，他们应该能以现有教职员工辛苦经营的成果为起点开创新高峰。一所学校如果仅能维持今天的视野、优点和成就，就会丧失适应力。所以，一位重视贡献的校长，必须视人才发展为最大动力，与老师们建立富有生产力的人际关系。众多优秀校长将优秀老师视为学校的最大财富，不断给他们提供成长的机会，让他们将眼光放得更高更远。

2004年3月，时任中国人民大学附属中学校长的刘彭芝召开了一次特别的干部会议，在自己任期未满的情况下鼓励大家竞选校长和副校长，为自己培养接班人。她的理由是创办百年不衰的世界一流学校是他们的梦想与追求，靠几个人是实现不了的，需要一支卓越的管理梯队。

浙江省杭州市学军小学的杨一青自1984年开始担任校长，21年里培养了一大批名师，仅被调往其他学校担任副校长、校长的就多达20人。他认为要办好一所学校，要促进学校的发展，关键是重视教师的发展。

总之，聚焦贡献的思维方式让我们得以避免惯性的陷阱。很多校长工作失败，常见的原因之一就是他本人在出任校长之前，不能或不愿为新职位做出改变，自以为过去做得成功，因此满足于自己老一套的工作方法，或者照搬照抄前任校长的做法。如果职位发生改变，学校发生改变，校长所要贡献的成果也就一定要改变。校长如果不明白这层道理，仍然墨守过去的做事方式，那么即便过去是成功的，现在也必然会付出高昂的代价。

四、正确认识自己

校长只有对自己有客观、准确的认知，才能最大限度地发挥自己的潜力做出贡献。我们可以从以下三个方面认识自己，还可以和同事分享自己的认识，以促进团队成员互相了解。

1. 人生为一大事来

柏拉图曾说过“哲学就是练习死亡”，建立使命最好的思考方式就是以终为始。想想看：如果走到生命的终点，我们会因为自己没有做什么事情而感到后悔？这个事情就是我们人生最大的一件事。比如，李金初校长说自己的人生大事只有一件：“只想办好一所学校。”

已故哈佛商学院的克莱顿·克里斯坦森教授（Clayton M. Christensen）身患癌症后，在病床上他把自己的所有作品拿出来翻阅，后来他总结说：“我很清楚，一些公司运用了我的研究成果，并获得了巨大的收益；我知道自己已经产生了很大的影响。然而，当我面临这场疾病时，我发现那些影响对我而言微不足道，这真有趣。我由此得出结论：上帝评价我这一生过得如何的标准并不是赚了多少金钱，而是我能影响多少人的人生。”①

明确人生使命是一个持续探索的过程，你需要在实践过程中给自己思考的空间：“假如还没有开始追求，我知道自己将来会因此而后悔没有去实现的梦想是什么？什么样的活动、什么样的人或者哪些东西往往给我激情澎湃的感觉？”

陶行知先生一生致力于中国教育改造，致力于中国的乡村教育，

① 德鲁克，克里斯坦森，奎因，等. 自我发展与重塑［M］. 刘铮筝，等译. 北京：中信出版集团，2015：14.

为中国教育寻找出路，被誉为“伟大的人民教育家”。他怀着教育救国的信念，大力开办乡村教育。他不止一次盘点自己的一生，说自己是“人生为一大事来”，这个大事就是“为中国乡村开创一个新生命”。

1927年，陶行知先生在南京创办晓庄实验乡村师范学校；1928年，在浙江创办浙江省立乡村师范学校，旨在建立一支合格的乡村教师队伍；1932年，先后创办了“山海工学团”“晨更工学团”；1934年，首创“小先生制”，开展乡村教育普及运动；1939年，在重庆创办育才学校……陶行知先生是中国第一个提出学生要在德、智、体三方面全面发展的人，是中国近代最有影响力的教育家。

上述问题回答完毕后，试着圈出你想列入自己使命宣言的关键想法、语句和词语，然后花一点儿时间写下你的使命宣言初稿，并和教职员工一起交流，问问自己：“这个使命是否代表了最佳的自己？当我回顾这个使命宣言的时候是否感受到了方向、目标、挑战和动力？我的工作和生活是否遵从了这个使命宣言中的理想和价值观？”

2. 明确做事的原则和边界

我们要在一所学校里发挥应有的作用，那么价值观就必须与这所学校的价值观保持一致。当然，价值观不可能完全一样，但必须足够接近。否则，我们不仅会遭遇挫折，也不会取得优异的成绩。

价值观是组织的最高宪法，价值观也是人生最终的检验标准，是我们为人处事的原则和边界，是不可逾越的，哪怕一次也不行。

如果你从未越界，那么你的道德就足够强大，你的价值观就会因为你的用心呵护而变得更加强大。如果你破例一次，就失去了内心的坚守，就没有什么可以阻止你一而再、再而三地破例，就像孔子所说："君子固穷，小人穷斯滥矣。"（《论语·卫灵公》）要做到这一点当然不容易，身处职场的我们总是身受各种挑战，有多少老师在刚刚大学毕业之际不是满怀教育的理想？又有多少老师在做了五年、十年教师之后还能依然保有教育的理想？如果不能固守自己的原则，结果就只能像屈原在《离骚》中发出的感叹："何昔日之芳草兮，今直为此萧艾也。"

学校同样有自己的价值观，在上海市建平中学，"确立学生在学校生活中的主体地位"是校方始终坚持的一个基本原则。这个原则使学校在面对很多问题的时候都能够从学生发展的角度来考虑，敢于让学生做主，而学生的责任感、使命感和集体荣誉感也随之被激发出来。

要想了解价值观，最简单的就是问问自己："早上刮脸或者涂口红时，我想看到一个什么样的人？这个人是不是我想看到的？"不过，另外一个方法也许更加直接："你对别人身上的哪些品质感到最不满？"人们在描述自己无法容忍的行为时，会在不经意间流露自己的价值观。比如，你非常厌恶刻薄吝啬的行为，那么慷慨大方或许就是你的一项主要价值观。如果你对粗鲁无礼的行为特别反感，那么替他人着想可能就是你极为看重的价值观。

3. 寻找自己的核心竞争力

如果说工业社会管理的愿景是让工人成为有效率、自动化、标准化的机器，那么知识社会管理的愿景则是充分发现和利用每个人的优势和知识。

才干越高的人，其缺点往往越多，有高峰必有深谷，谁也不可能是十项全能，与人类现有的博大知识、经验、能力的总和相比，任何伟大的天才都不及格。世界上并没有真正全能的人，最多只是有在某方面特别有能力的人。所以，我们努力的关键不是克服所有缺点，解决所有问题，而是把握机会，发挥优势，让自己的优势富有生产力，然后不断强化这些优势，以建立自己的核心竞争力。

认识到这一点对校长非常重要，因为学校是由知识工作者组成的，我们可以把这项原则引申到所有教职员工身上。要知道，只抓住人的缺点和短处是干不成任何事的，为实现学校的发展目标，必须用人之长，利用好这些长处可以给我们带来机会，如同德鲁克所说："管理者的任务不是去改变人。管理者的任务，在于运用一个人的才干。……管理者的任务就是让各人的才智、健康以及灵感得到充分发挥，从而使组织的整体效益得到成倍的增长。"①

江苏省栟茶高级中学创建于20世纪20年代，是如东县历史最为悠久的一所中学，只有二流生源，却办学红火，许多外地学生慕名而来。一个非常重要的原因是学校打造了一支具有极强能力的教

① 德鲁克. 卓有成效的管理者［M］. 徐是祥，译. 北京：机械工业出版社，2009：96.

师队伍。校长姚止平为了觅得良才，亲自与毕业生及他们的家长商谈，并驱车几百里到骨干教师和优秀毕业生家里，向他们介绍学校的办学成效和发展蓝图。而且不唯学历，先后从南通师范学校、如皋师范学校等普通师范学校大专班引进数名基本功扎实的青年教师。这些教师在各自的岗位上更甘于吃苦，更乐于奉献，成长得更快，教育教学效果更好。

要了解一个人的优势并不复杂，只需要每次工作做完后认真做一次复盘，这就是反馈分析法。它的操作流程是这样的：无论做出什么关键决策，采取什么关键措施，都写下希望看到的结果。9—12个月后对实际结果与预期结果进行对比，然后问问自己："哪些工作完全超过了预期？哪些工作没有达到预期结果？哪些我们做过或没有做过的事情妨碍了自己充分发挥优势？"分析其原因，这样在相当短的时间内我们就会发现自己的长处。然后就可以给自己提供工作机会以发挥优势，提供学习机会以增强优势。对缺点则需要特别慎重，如果坏习惯影响优势的发挥，就必须加以改善；如果发现某件事情是自己实在做不到的，就要考虑放弃，然后将全部精力集中到自己擅长和有较高产出的领域。要知道，从平庸到一流水平比从一流水平到卓越需要付出更大的辛苦和努力。

德鲁克自己就是这套方法的受益者，他从60岁开始使用反馈分析法接近25年。由于使用了这种方法，他自认为这25年的时光成了他生命中最有收获的一段时间。比如，在写作方面，德鲁克发现自己最适合写短评；作为咨询顾问，德鲁克发现自己作为一个公司最高管理层中的临时成员时工作效率最高，而且他还了解到自己只适合做传统的咨询工作；在教学方面，德鲁克意识到他最适合的是在有很多学生的大型课堂上讲课；作为教师，他发现自己不能做的事情是做一名指导老师或博士生导师，他不擅长做这样的事情。

五、做兼听则明的劳谦君子

一位领导者表现不佳，有很多种情况，其中最令人沮丧的就是夸夸其谈，自以为是。他们从一些正面经历中获得自信，随即掉入能力的陷阱中，个人和组织因此都成为受害者。因为万事通不仅让人难以忍受，而且很危险，他们最有可能独断专行，在他的领导下新想法很难被讨论、扩展或改进。任何一个人，不管他有多聪明，都不可能只靠自己就让一所学校做到最好。

因此，校长的一项重要工作就是做有效的决策。但和我们想象中不同的是，管理者的决策绝不是从一致同意中得来的。“好的决策，应以互相冲突的意见为基础，从不同的观点和不同的判断中选择。所以，除非有不同的见解，否则就不可能有决策。这是决策的第一条原则。”[①]

有效的决策者会使用不同意见作为决策过程的生产因子，他们会鼓励大家提出不同意见，同时会让提出意见的人思考并把意见放

① 德鲁克. 卓有成效的管理者［M］. 许是祥，译. 北京：机械工业出版社，2009：143.

入现实中去验证。对组织高层决策的最新研究表明，凝聚力较强的团队并不会更加强调一致性，并不会忽视不同的意见。实际上，文化强大的组织成员彼此沟通顺畅，能够提出不同的观点而不必有多余的担心，因此反而使得决策质量更高。反之，如果总被要求有一个现成的答案，老师们就会带着确定的结论而不是思考参加会议，从而失去从多个视角了解情况的机会。要成功建立一个可以包容各种差异性的团队，校长就应该在学校里建立兼听则明的沟通原则，这对营造学校整体的民主氛围有莫大的帮助。

兼听则明的沟通原则意味着校长要“先听后说”。校长或许确切地知道自己想要的结果，于是做出决策，自上而下地传递信息。然而，你可能完全不了解你的意图在从最高层向基层的传递过程中，遭到了多么严重的扭曲，而处于接收端的同事又会产生多少不满，因此，我们必须有充分的耐心先去倾听每位老师的想法。

山东省文登市实验小学校长侯溪萍2002年10月曾要求老师们给她写信，很多老师都认为这不过是走走形式而已，结果她一共只收到十多封信。侯溪萍校长始终相信老师们和她一样都希望学校能快速发展，于是对每一封信都认真分析，逐条解释，然后一一落实。结果等到侯溪萍校长第二次要求老师们给她写信的时候，她收到的信一下子增至百余封。

校长多倾听有很多好处。比如，可以增加学校的透明度，减少沟通时的隔阂，更重要的是能够建立真正的信任。老师是身居教育第一线的人，所有决策都有赖于他们的理解和支持才能取得成果。因此，在决策开始前，校长应该充分倾听老师们的不同见解。让老师们有机会充分表达自己的观点，不仅可以避免钻入决策的死胡同，还可以发挥整个团队的想象力和创造力，使得决策的有效性大大增加。

总之，“自我管理是人事上的革命。它要求个人，特别是知识工作者展现出全新的面貌和做出史无前例的事情。这是因为，它实际上要求各个知识工作者都从首席执行官的角度思考问题和做事情”①。自我管理也是一个机会，必将令学校及学校中的每个人受益无穷。

问题思考

1. 如何在学校里推动自我管理的文化，让校长、老师、学生学会对自己的行为负责？

2. 对您所服务的学校，您认为自己能做的最重大的贡献是什么？请从直接成果、兑现学校价值观和培养人才三个维度来说明。

3. 尝试和同事们一起记录 1 — 2 周的时间使用情况，发现彼此在时间管理方面存在的问题，并召开一次时间使用情况诊断会，寻找改进的方法。

① 德鲁克. 21 世纪的管理挑战［M］. 朱雁斌，译. 北京：机械工业出版社，2006：173.

第9章 用人与激励

在现代工业社会中，金钱报酬不再是重要的激励员工的手段，尽管对金钱报酬的不满，将会降低工作绩效，但是经济报酬再高，都无法取代责任感或慎重的职务安排。反之，非经济性激励也无法弥补员工对经济报酬的不满。

——德鲁克《管理的实践》
第24章《经济层面》

对大部分校长来说，如何有效激励教师团队一直是个痛点。许多人把激励与物质奖励画等号，以为激励就是发放更高的薪水，拥有更长的假期和更多的福利。然而，在没有人员聘用权、没有薪酬话语权、没有解雇决定权、没有足够的职称名额、没有宽裕的绩效奖励、没有市场竞争力的工资待遇、缺乏外出培训增值的机会、工作强度大、奖励方式单一等现状下，校长往往感到束手无策，激励无门。

要理解激励，就必须从尊重人性出发。管理面对的是人性的善与恶，管理者要激发和释放人的善意和潜能，培育每个人的敬业精神，而不是总想着利用人性的弱点，用过去工业时代“胡萝卜加大棒”的手段去操控和利用员工。在种种困惑中，德鲁克的激励系统能引领我们去探索激励的源头。

一、激励的本相

简单地说，激励是指通过满足老师的个人需求，使他们自愿尽最大努力来实现学校的目标。

美国前总统德怀特·D. 艾森豪威尔（Dwight D. Eisenhower）曾说过："领导力达到艺术的境界，是让他人心甘情愿来做你想完成的事情，而且这件事也是他想做的。"美国心理学家亚伯拉罕·马斯洛（Abraham H. Maslow）的需求层次理论提出每个人都有五个层次的需要，即生理的需要、安全的需要、社交的需要、尊重的需要和自我实现的需要。每个人都潜藏着这五种不同层次的需要，但在不同的时期各种需要的迫切程度是不同的，而人最迫切的需要才是激励他行动的主要原因和动力。人的需要是从外部得来的满足逐渐向内在得到的满足转化，按层次逐级递升的，但这样的次序不是完全固定的，可以变化，也有种种例外情况。因此，所谓满足员工的个人需求，便要视每所学校的现状而定。例如，"北上广深"的老师，与四线地区的老师，在需求上会有所不同，而不同年代的老师也会有不同的需要。在满足老师的个人需求，免去他们的后顾之忧后，他们就能全力以赴地去实现学校的目标。

由此可见，激励有物质和精神两种。我们需要同时从物质和精神两个层面来激励员工。这具体要看老师当时的个人实际需求是什么。金钱的激励并不能取代一切，实际上有些时候金钱激励会带来消极效果。首先，虽然很少有人会拒绝金钱，但金钱是有限度的资源，无法用来满足世人无限的欲望。其次，它能激励的时间是很有限的，拿了数百元奖金的人可能就兴奋一天，第二天又重归平淡。金钱奖励用不好还可能引起同事之间的嫉妒攀比。因此，虽然物质激励很重要，但非物质激励已变得更有影响力，效果也更持久。麦肯锡顾问公司曾对经济和非经济激励进行调查，发现前三项最有效的激励均为非经济激励方式，包括来自直接上级的表扬和嘉许、来自领导的重视，以及领导项目或者任务小组的机会，其次才轮到基于业绩的现金奖励等。

你的老师看重的究竟是什么激励？什么是他们最期望得到的？最简单的方法，就是直接去问他们而不是臆想。你的老师是为了什么而天天来上班？是为了一份薪水？一份稳定的工作？一份荣誉感？一份意义？一份责任？一群可爱的同事？还是因为你，一位他们爱戴的领导？非物质激励，才是学校真正的核心竞争力，是别的东西很难取代的重要激励因素。

对激励理论，简单介绍如下，有兴趣的朋友可自行进一步研究。

1. 需求层次理论

马斯洛提出，人类的需要可分为五个层次：生理的需要、安全的需要、社交的需要、尊重的需要和自我实现的需要。一般来说，某一层次的需要相对满足了，人们就会向高一层次发展，追求高一层次的需要就成为驱使行为的动力。相应地，获得基本满足的需要就不再是一股激励力量。

2. 双因素理论

双因素理论又称“激励因素—保健因素”理论，是由美国心理学家弗雷德里克·赫茨伯格（Frederick Herzberg）提出的。保健因素指的是工作以外的因素，诸如组织政策、工作条件、监督、工资、同事关系、地位、安全和生活条件等。这些因素如果得到满足，人们就会消除不满情绪，但不能激励人们有更积极的行为。激励因素则是使职工感到满意的因素，多属于工作本身，诸如成就、认可、晋升、工作本身的意义、挑战性、责任感等。这些东西如果能得到满足，就可激发其工作热情。

3. 期望理论

美国著名学者维克托·费罗姆（Victor Vroom）的期望理论认为，激励作用的大小取决于两大因素：一是人对激励因素所能实现的可能大小的期望；二是激励因素对人的效价，即激励力量 = 期望利率 × 目标效价。

4. X–Y 理论

美国著名行为科学家道格拉斯·M. 麦格雷戈（Douglas M · Mc Gregor）把传统的管理观点叫作 X 理论，即管理方式是“胡萝卜加大棒”的方式：一方面靠金钱的收买与刺激；一方面严密地控制、监督和惩罚，迫使其为组织目标努力。而 Y 理论则认为，对人的激励主要来自工作本身，应让人担当具有挑战性的工作，担负更多责任，促使其做出成绩，满足其自我实现的需要。

5. 成就需要理论

也称激励需要理论，是美国哈佛大学心理学家戴维·麦克利兰（David McClelland）研究了人在生理和安全的需要得到满足后的需要状况而得出的。麦克利兰认为，在人的生存需要得到满足的前提下，成就需要、权力需要与亲和需要是人最主要的三种需要。成就需要的高低对一个人、一个企业的发展起着特别重要的作用。该理论将成就需要定义为：根据适当的目标追求卓越、争取成功的一种内驱力。

二、激励的第一步

激励在领导学中是重要的课题，但从来没有一位管理大师像德鲁克这样论述激励。他说，关于激励，我们首先知道的是许多领导者根本就不知道如何激励下属，他们擅长的是打击士气。这样的评价似乎不合常理，因为领导者既然聘用员工，就应该想办法使下属可以展现工作能力，有所表现才对。这听起来似乎是非常明显的事，但是至今很多领导者还不懂得这个道理。很多领导者所做的事无非是打击下属、阻碍下属，使他们无法获得预期的效果。让我们想象这样一个情景：有一群年轻的老师下课后围坐在一起兴高采烈地讨论下一步的课改方案。这时，校长刚巧经过，抛出一句：“课改的事迫在眉睫，你们要快点儿在下周前出方案，否则年底的奖励和外出培训就……”校长离开了，一群本来热情澎湃的老师一下子安静下来，大家突然失去了工作的动力，有人说了一句“回家吧”，于是大家带着落寞的情绪各自回家了。校长本是希望用这句话来推动大家的，但结果却变成了打击士气。这幅画面，是不是似曾相识？

威胁在今天已不管用了，能引起的只是厌烦，而不是恐惧，“90后”的年轻同事根本不吃你这一套。因此，德鲁克说，激励的第一步，就是避免“负激励”。校长有意无意挫伤老师的士气，然后又亡羊补牢、隔三岔五说句“老师你真棒”，给点儿小恩小惠，这有用吗？要知道一次挫伤行为，可能十次激励也补偿不回来。这样想来，各位校长是不是更要克制一下自己的言行？

也许有校长会想，我管住自己的嘴巴就成了。但“负激励”并不只是指骂人，“负激励”可怕的地方是它在学校中是无处不在的。看看以下 18 条“负激励”行为你占了几条。

① 玩弄权术，形式主义和官僚主义问题突出。

② 对学校和每位老师的目标不明确，让人缺乏工作方向，无所适从。

③ 过多条条框框，处处是掣肘的规条。

④ 过度控制，缺乏自由与信任。

⑤ 过时、不合理的工作流程让人做无用功，有劲使不上。

⑥ 低效率地频繁开会，既折腾人又损耗生产力。

⑦ 开会议而不决，又缺乏跟进措施，让人泄气，感到无指望。

⑧ 决策一改再改，出尔反尔。

⑨ 故意制造内部恶性竞争，破坏团队和谐氛围。

⑩ 校内信息不透明，让人互相揣测，无法展开工作。

⑪ 老师经常面对消极的回应和无情的公开批评。

⑫ 人才被忽视，而吹捧、拍马屁之流充斥学校，造成人才浪费和流失。

⑬ 工作量过多，令人难以承受。

⑭ 工作缺乏挑战性，无法一展所长。

⑮ 校领导处事欠公平公正。

⑯ 领导者欠诚信，让老师厌烦、抗拒。

⑰ 领导层高高在上，员工无从表达和分享想法。

⑱ 领导容忍低绩效员工，令积极、有进取心的老师感到无奈和泄气。

看了这份清单，你是否更能领悟为什么德鲁克说有效激励的第一步，就是要避免做出“负激励”行为了呢？

三、激励六路径

德鲁克认为，领导者必须把工作中的人力当“人”来看待。换句话说，我们必须重视人性，强调人是有道德感和社会性的动物，要设法让工作的设计、安排符合人的特质。因为在众多资源中，唯有人本身才能决定工作时是否全力以赴，发挥所长，做出贡献。正是在这个意义上说，管理其实不是“管理人”而是“领导人”，要管理的是工作本身，因此，德鲁克总结了6条激励路径。

1. 理解老师是谁

德鲁克指出：“一所大学之所以能够成为杰出的大学，是因为它能吸引，更重要的是培养杰出的教师和学者，进而让他们取得杰出的教学与研究成果……因此，知识型企业要获得领先优势的唯一办法，即管理者要花时间跟有前途的知识专才在一起工作，了解他们，也让他们了解你；同时还要培养他们，倾听他们，质疑和鼓励他们。”①

老师们都是有血有肉、有感情的人，他们都有马斯洛列出的五项不同需求。尊重你的老师，就是把他们看成资产而不是成本。教师是整个学校最重要的资产，校长要帮助他们取得工作绩效，让他们看到自己的价值，赢得成就感和尊严。这需要我们懂得释放现有教师的生产力去打造更多人才，而不是聘请更多“名师”，因为名师一定是稀缺的。德鲁克先生因此总结说：“根据统计法则，除了最小的组织之外，任何组织都不可能获得‘比较好的人才’。在知识经济和社会中，组织要超越其他竞争者，唯一的方法就是从同样一批人身上，得到更多的东西，也就是说，要靠管理知识工作者，得到更高的生产力，意即我们的一句老话：‘让平凡的人做出不平凡的事。’”②

①② 德鲁克. 下一个社会的管理［M］. 蔡文燕，译. 北京：机械工业出版社，2006：70，78.

2. 慎重安排职务

校长的任务是激发老师的工作动机和参与感，因此，慎重、系统地安排老师到富有挑战性的岗位上，是激发老师干劲的先决条件。校长应该充分了解老师的特点、能力、长处，并让这些特质和分配的工作匹配起来，从而达到更高的工作绩效。这样老师就容易从高效工作中找到满足感和成就感，并得到锻炼，更好地完成工作任务。我曾经见过一位校长安排一名老教师做年轻教师培养的工作，这位老教师不擅长处理人际关系，所以总是被同事们质疑，但是他在培养新教师方面不仅经验丰富而且尽心尽力，结果效果显著，在当地非常有影响力。世界上没有无用之人，如果有，也只是因为放错了地方。

3. 设定高绩效标准

高绩效精神需要在整个学校贯彻。领导层必须对自己的工作绩效提出高标准。这并不意味着校长要日忙夜忙，天天弄得筋疲力尽。有时候最打击老师士气的事情莫过于校领导像无头苍蝇般瞎忙，他们却闲在那儿无所事事。在他们眼中，这充分显现了管理者的无能。妥善拟定工作进度，把大家的工作安排清楚，让大家做实事，能向全体员工展现校长的才干和认真的做事态度。

另外，校长也要对老师提出高要求，针对每个老师表现的能力设定有意义、有足够挑战性的目标。事实上，最能有效激励员工改善工作绩效，带给他们工作自豪感与成就感的，莫过于分派高要求的工作给他。只求混日子过关就好，往往会消磨老师的干劲；相反，通过不懈努力，专注于达到最高要求，总是能激发老师的干劲。校长要让老师们学会自我鞭策，最好的办法就是提升他们的使命感，或授权他们负责有挑战性的工作，把焦点放在更高的目标上。

4. 给老师提供工作所需的信息，了解实际情况

在一所学校里，谁掌握的资源最多？谁最有“权力”动用这些资源？当然是学校的领导者，也就是以校长为代表的管理团队。管理团队总是比老师们掌握更多信息、更多资源。因此，如果管理者不能在老师实现目标的过程中给予他们足够的信息和指导，他们就很难高效地完成任务。老师必须有能力控制、衡量和引导自己的表现，应该知道自己的表现如何，而不是等别人来告诉他。学校必须设法让老师为结果负责，他应该知道自己的工作和学校的整体工作有何关联，也应该知道他对学校有何贡献，以及通过对学校的贡献从而实现对社会有何贡献。这样做不是因为老师要求看到这些，而是因为符合学校最大的利益。这里的“信息”是指让老师知道自己所负责的工作，对学校、对团队成功具有哪方面的意义。如果做砸了，对学校的损失是什么，对团队的影响有多坏，这样可以让老师对工作产生强烈的责任感。

5. 培养老师拥有管理者的愿景

慎重安排职务、设定高绩效标准和提供工作所需的信息是激发老师责任感的条件，但是它们本身并不能让老师主动承担责任。只有老师拥有管理者的愿景，也就是说，只有老师能站在管理者的角

度看待学校，认为自己的工作绩效将影响学校的未来，他才会主动承担起追求最高绩效的责任。

培养方法包括：让老师参与重大决策的讨论和执行，让他们感到受重视，是学校的一分子而不只是一个被动接收通知的小角色；还必须让老师有机会在学校的活动和项目中担当负责人，这是获得实际管理经验的最佳途径，亦能够让员工像管理者那样看待问题。所以，德鲁克才会说："如果满足知识工作者的经济手段不再奏效的话，就必须靠满足他们的价值观来达成目的：给予他们社会的承认，把他们从下属变成管理者，从员工变成合伙人，而不仅仅是提供给这个员工丰厚的待遇。"①

6. 通过示范来激励

想想看，假如校长自己不遵守学校的规章制度，老师们会不会发自内心地遵守？领导的以身作则为什么会与激励扯上关系？有一次，齐景公询问孔子政治的关键，孔子用八个字做了回答："君君，臣臣，父父，子子。"（《论语·颜渊》）孔子告诉我们，社会上每个人都有自己的角色，有君就有臣，有父就有子，人人都要尽其本分。这就是孔子理想的政治，亦是德鲁克非常赞同的企业伦理。这四个身份的顺序是不能随便排列的。国君要表现得像一个国君的样子，臣子才会表现得像一个臣子的样子；父亲要表现得像一个父亲的样子，孩子才能表现得像一个孩子的样子。

同样的道理，校长要表现得像一个校长的样子，老师才能表

① 德鲁克．下一个社会的管理［M］．蔡文燕，译．北京：机械工业出版社，2006：15.

现得像一个老师的样子，这就是“以身作则”的意义。试想，如果校长总是站在道德的制高点来要求老师，自己却利用基建、采购等各种机会贪污腐败；如果校长总是要求老师对学生循循善诱，自己却动不动就对老师拍桌子砸椅子；如果校长总是要求老师严格遵守作息时间，自己却三天两头不在学校；如果校长总是要求老师多花点儿时间备课、进修和家访，自己却从来不参加任何形式的学习……那么这样的校长无论费多大的功夫，都不可能对老师们产生激励作用。

李镇西校长曾说过：“最好的教育莫过于感染，最好的管理莫过于示范。”这两句话说的其实是一个意思，那就是：身教胜过言传。在成都市武侯实验中学，除了分管后勤的书记，所有副校长都担任班主任并上课。要求老师做到的，干部首先要做到。比如，要求老师上班不迟到，干部首先要做到。要求老师通过互联网平台交流教育教学经验，干部就先带头。李镇西校长到武侯实验中学之前并没有做校长的经历，甚至连中层干部也没有做过，管理经验近乎为零。但李镇西校长并不担心，他说：“第一，我做过多年班主任，我会把班主任工作中的一些有效做法移到做学校管理上；第二，我做过多年的老师，我会站在老师的角度思考，怎样做比较受老师的欢迎；第三，我面对的每个老师，都可以给我出主意，教我怎么做校长。做班主任时，要求学生做到的，我尽可能首先做到。当老师的时候，每当学校领导提出什么要求，我几乎都是本能地在心里说，你先做给我看看。现在，当我作为校长在老师和学生面前出现的时候，我总是很谨慎甚至有些心虚地想，我的言行符合一个教育者的规范和良知吗？”[①]

因此，为了激励老师们获取最佳绩效，学校的领导层必须对自己的工作绩效提出更高标准，展现出高度的敬业精神，借此激励老师们更加热爱自己的工作。

四、排除工作障碍

工作是每个人的本能和责任，校长的工作之一就应该是竭尽全力帮助老师扫除前进道路上的障碍。当然，如果你现在问任何一位同事："你有工作障碍吗？"得到的答案一定是"有"。作为校长，我们这时候如果不深入倾听或者用心去了解老师的障碍是什么，为什么会出现这样的障碍，以及我们的教职员工期待一个什么样的工作环境，而是告诉员工"这些规则不能更改""这些流程不能更改""学校一直都是这样的""别人怎么没事呢"，结果就会强烈打击老师们的积极性。这样的校长完全没有资格坐在管理者的岗位上，他不仅没有尽到管理者的责任，反而像在提醒优秀的老师"这是一所官僚的学校，你们应该离开了"。

① 李镇西. 李镇西校长手记：好的管理莫过于示范［M］. 武汉：长江文艺出版社，2017：36.

四川省成都市草堂小学从一所城乡接合部的薄弱小学变为优质教育的品牌学校只花了两年时间，其中校长蓝继红的努力功不可没。刚到学校时她就注意到一些教师工作缺乏主动性，蓝校长并没有因此责怪教师，而是分析背后的原因和障碍。教师在课改要求和应试要求的夹缝中艰难工作，既要抓改革又要抓分数；行政部门评价、社会评价、家长评价标准不一致，教师教学处于两难境地；政府、学校、家长和社会都密切关注教育，对教育有很高的要求和希望，教师压力过大……此时，教师最需要的是理解和关爱，通过教育行政部门、学校和社会的多方努力，为他们提供宽松的发展环境，减轻过重的压力，让他们拥有职业幸福感和安全感。因此，蓝继红校长将自己的工作重点放在帮助教师排除工作障碍，实现教师的发展需求上。

排除障碍可以分为不同的维度。

第一个维度，老师们知道自己的工作目标吗？很多问题的表面症状之下都隐藏着对目标的理解错位。如果连目标都没有搞清楚就开始行动，南辕北辙而不自知，将导致大量时间和资源的浪费。因此，校长需要花时间和老师们交流与工作目标有关的话题，特别是多个目标横亘在老师们面前时。如果没有对优先次序的理解，没有判断的原则、方法，那么老师们就会疲于奔命。要判断老师们的工作目标与学校的工作目标是否一致，只要问问老师们对自己工作目标的理解和学校的工作目标是否一致就可以了。

第二个维度，老师们的优势有充分发挥的空间吗？是否存在某个方面能力的缺失影响了学校目标的实现？这些能力包括持续学习的能力、学科教研的能力、共情的能力、组织教学活动的能力以及学术研究的能力等。这些能力是老师们开展工作的基础，一旦缺失，就会影响教学的品质。因此，学校应该创造学习的机会，既让老师们充分发挥自己的优势，也让老师们了解自己的盲点并持续改进。比如，有一些教师在专业学术研究方面特别突出，他们负责高层次课程的研发和拔尖学生的培养显得得心应手；有些教师思想活跃，又有深厚的文化底蕴，高考课程让其无法施展自己的才能，而任教思想政治、历史和地理课程更能够让他们发挥专业特长；还有些工作需要有专长的教师承担，如不同行业的学生职业考察顾问、不同类型的学生研究性课程指导教师等。学校应该提供充分机会让老师们的专长得到进一步发挥和增强，同时老师们应不以在团队中暴露自己的弱点为耻，也不应看到别的老师出现错误而幸灾乐祸。整个团队应该是互相信任、互相支持的。这样，即使一位老师存在某个方面的短板，也可以通过取长补短、互相学习的方式加以弥补，发挥出团队的整体优势。

第三个维度：老师们的情绪是否受到某种干扰？这种干扰是来自工作、家庭还是人际关系？我们当然希望教职员工永远充满激情地站在讲台上，但一个人永远都充满激情是不可能的。老师们不是活在真空里，每个人都有自己的喜怒哀乐、情绪起伏。当情绪进入低潮期时却依然要站在讲台上充满能量地讲课，这对任何人来说都是挑战。这时候更需要理解和尊重。校长应该给自己提出要求，定期与老师进行一对一的非正式谈话，可以是一个月一次，也可以是两个月一次，重要的是一定要有这样的谈话机会让老师们找到情绪的出口。这样的谈话最好不在办公室进行，校长还要管住自己的嘴，先听后说。

北京市第二实验小学的李烈校长每周有固定的半天时间和老师们聊天，不限内容，什么都可以谈，工作上的、学习上的、生活上的，等等。当天没有谈上的，李烈校长会抽其他时间主动找老师谈心。每次召开全体教师会前，都会专门拿出时间让老师们就某个主题自由谈论观点和看法。会议中不会指定发言人而是自由讨论，目的是让老师们在没有准备的情况下就能很好地发言。这些方式让李烈校长及时了解到老师们的想法，建立了校长与老师们之间的信任，同时又能让老师们在这个过程中体会到当家做主的快乐。

第四个维度，学校的软硬件环境对老师们开展工作有帮助还是阻碍他们工作？比如，学校里是否有配合老师开展工作的必要设备？学校是否因人际关系过于复杂而给日常工作带来干扰？是否存在制度和流程的不协调让老师们抱怨重重？在学校里，制度有其存在的必要性，不以规矩，不能成方圆。但是否有些繁文缛节已经超过生命周期却因为惯性而存在？对那些已经影响学校正常运转，甚至老师、学生一而再，再而三投诉的制度和流程，校方必须正视。如同德鲁克所说：“将四分之一的时间花在跟雇佣相关的文案工作上，的确是在浪费宝贵而稀缺的资源，这种工作会让人厌烦、堕落与腐化，唯一能够让大家从中学到的，是更精明的作假技巧。”[①]

要了解哪些制度已经不再符合今天的要求，可以参考三个衡量标准。首先，这些制度与学校的发展目标是否配套？要知道，制度的终极导向就是达成学校的办学目标。其次，这些制度是否科学合理？好的制度应该起到良好的导向作用。再次，这些制度是否足够人性化？制度不能太僵化，僵化势必会压抑教师的创造性。

第五个维度，老师们有自己的职业规划吗？他们是否知道在成就学校和学生的同时，自己的未来在哪里？每位老师都十分在乎自己的学术发展，他们尤其希望知道自己的未来在哪里，并希望随着职业生命的增长可以不断迈向更高的台阶，特别是学术领域的影响和发展。因此，学校应该创造条件让老师们进入各种学术组织、研究机构或教材编辑部门等，让他们在校外的学术领域中快速成长。比如，北京市十一学校成立的“教育家书院”就是专门负责教师专业发展的机构，书院充分考虑教师发展的不同需求，设置了多层次、多类别的教师专业发展课程，以学术而非行政的方式推进、激发了教师自主提升的愿望和需求。

第六个维度：老师们知道自己工作得好不好吗？在任何组织里，评价从来都是一把双刃剑。如果运用得当，会起到激励老师的作用。但我们看到的更多情况是错误地把绩效评价视为操控员工的武器。当老师的每个动作都要按照规定去做的时候，课堂的活泼和创造力就会消失，这对老师的工作是极大的干扰。

---

① 德鲁克. 下一个社会的管理［M］. 蔡文燕，译. 北京：机械工业出版社，2006：79.

我们需要正确地理解绩效管理，它是过程而不是结果，它的目的在于帮助员工诊断工作中出现的问题，从而不断改进和提升绩效。比如，北京市十一学校每个学期都会组织一次学生层面的调研，这项工作过去叫“评教评学”，现在改为“教育教学情况调查”。李希贵校长希望通过工作项目名称的改变告诉老师们：这项工作不是对老师工作绩效的评价，而是以研究的态度帮助老师查找问题，是为诊断和改进教育教学服务的。这才是绩效管理应该真正发挥的作用。

排除工作障碍应该通过学校制度的建立系统化地进行。

新西兰国际中学是一所私立学校，位于奥克兰市中心，是全城的文化和教育中心。这所学校对教师的考核并不是通过考试分数进行的，而是通过校长与教师一对一交流的方式进行的。这并不意味着降低标准；相反，这所学校对教师的管理有严格的操作程序。比如，校长如果发现一名教师不能胜任自己的工作岗位，就必须启动“帮助—解雇”工作程序。首先，找他谈话，明确指出他的不足之处，倾听他存在的困难；然后，共同讨论，共同提出改进的措施。如果不能改进，则提供资深教师辅导帮助，进行一对一指导。如果还是不行，就说明他不具备成为老师的资质，然后进入解雇程序。

虽然中国教育体制与国外有所不同，但国外教育制度的精神是可以效法的。

工作障碍不会自己暴露出来，但一定会有某种迹象显示它的存在。校长应该以谦卑和敬畏的心态面对学校的管理工作。因为即使我们以最真诚的态度提出“你的工作有什么障碍”的问题，老师们也往往不会直截了当地说出自己的担心和困惑，除非我们一直坚持提出这样的问题，并认真面对每次的挑战。

五、跟非营利组织学激励

德鲁克晚年曾专门研究非营利组织，并写下《非营利组织的管理》一书。要知道，多数非营利组织的全职人员比例很小，少则两三人，多则不过十几个人，维系组织日常运营的是其拥有的大量志愿者。这些志愿者自愿加入，没有很高的报酬，没有固定的岗位，工作条件艰苦，甚至有时有生命危险，但他们却自愿贡献个人的时间和精力，在不为物质报酬的前提下，为推动人类发展、社会进步和社会福利事业而提供志愿服务。

学校同样是非营利性质的事业单位，非营利组织对志愿者的管理对学校至少有三个重要启示。

1. 设定富有感召力的使命

是什么让不领薪酬的志愿者坚持在一家非营利组织工作？志愿者首要的需求是：非营利组织要有一个明确的使命，能够推动组织的各项工作顺利开展，并激励志愿者加入。对非营利组织来说，使命就是一切，甚至可以说，没有使命，非营利组织就没有存在的理由。成功的非营利组织会避免自己的使命空洞无力，而且突出具体的战略和行动。美国救世军的使命宣言是："让酗酒者、罪犯和流浪者等社会弃儿成为社会公民。"北京市红丹丹视障文化服务中心的使命是："和视障朋友一起看世界。"对志愿者来说，有意义的成就正是来自这里。因此，德鲁克总结说："从组织使命及其要求开始，这一点也许是其他组织可以从成功的非营利组织身上学习到的第一课。这使得非营利组织能够聚焦于行动，制定实现关键组织目标所需的各种具体策略，创建有纪律的组织。"①

青海省玛沁县的吉美坚赞民族职业学校创办于1994年，学校最重要的办学理念是传统教育和现代教育、汉藏教育的融合。为了改变当地公办学校藏族文化教育质量低下的状况，吉美坚赞私立学校的解决方案是尊重传统智慧，将千百年来行之有效的寺院教育的方式与现代学校教育相结合。学校开设因明学、藏语语法、修辞学、天文历算、声律学等藏文化传统课程。学校重视背诵经典，重视诗歌写作，最特别的是将寺院中辩经的学习方式引入学校，由此吸引了一批优秀的藏族教师。其中不乏藏学的高级学者，他们长期不取分文，完全为使命所感召，把教学当作修行。学生对教师发自内心的崇敬和追随，是吉美坚赞私立学校教学质量高的核心因素之一。

① 德鲁克. 管理未来［M］. 李亚，等译. 北京：机械工业出版社，2009：137.

2. 提供有意义的成就感

过去，非营利组织的管理者常说："因为我们不给志愿者支付报酬，所以我们不能向他们提出更多要求。"而现在，他们很可能会说："恰恰因为志愿者不要报酬，所以他们必须从成就中获得更大的满足感，必须做出更大的贡献。"而志愿者为什么愿意留下来，答案恰恰是：因为随时可以离开。

因为随时可以离开，所以，志愿者必须找到自己留下来的理由，那就是有意义的成就感。非营利组织付给志愿者的不是金钱上的报酬，而是精神上的满足感与成就感，而这正是志愿者希望得到的。学校的管理必须让老师们感受到这种成就感，吉美坚赞私立学校就是典型的案例。因此，校长必须问自己："我们应该做些什么来让老师们感受到教育的意义，感受到学生的不断成长，感受到学校对老师们的尊重？"

德国波恩国际学校建于 1997 年，是一所自筹资金的非营利组织，在德国注册，由学校董事会负责管理。学校董事会是经过选举产生的，由中小学校长、学校指导长以及家长代表和教职员工代表等组成。波恩国际学校的学生来自 50 多个国家，有 40 多名专职教师。这些教职员工拥有不同的民族和文化背景，具有非常强的敬业精神。这种敬业精神正是来自真正致力于学生全面发展的成就感，他们培养学生诚实、忍让、尊重个体和文化的多样性、独立、自律和自尊的品质，从而在千变万化的社会中成为有成效的社会成员。

3. 培训，培训，再培训

许多非营利组织会系统地安排所招募的人员，指派经验丰富的志愿者观察新来者，对他们进行评估，鉴别他们有哪些长处，然后安排相应的职位。此外，可能还会为志愿者指派导师和主管，让他们一起制定绩效目标。

非营利组织吸引并留住资深人员的最有效方式，就是认可他们的专长并请他们对新来者进行培训。这样，这些资深人员就需要被赋予一定的职权，他们要充分考虑并设定自己的绩效目标。他们希望有人向自己咨询，并且希望参与制定能够影响自身工作以及整个组织发展的决策。同时，他们也希望有更多发展机会，即承担更多富有挑战性的任务和与其绩效表现相应的更大责任。这就是许多优秀非营利组织为志愿者建立职务晋升制度的原因。

成功的非营利组织知道如何有效管理志愿者，他们有清晰的使命、高标准的要求、明确的责任关系和持续的培训。要想充分发挥志愿者的作用，就必须满足这些要求。这与学校对教师的要求非常相近。如何管理知识工作者并提高他们的生产率，是我们当今社会面临的一个重要挑战，而非营利组织恰恰可以告诉我们应该怎样去做。比起志愿者，我们的教师有薪酬，有职称，有一定的权限和社会地位，若再加上非营利组织的激励方法，必定相得益彰。

最后，我们总结一下德鲁克的用人和激励思想。

①对任何组织而言，用人的关键在于寻找和开发人的潜能。只有尊重人，才有可能真正把人的才能释放出来。

②组织的功能就是要让平凡的人在一起做出不平凡的事情来。所以，管理不是“管理人”，而是“领导人”。

③管理者要想让工作卓有成效，就必须使下属的工作卓有成效，而使下属工作卓有成效的关键之一，就是要为他们的工作扫清障碍。

④最好的鞭策是自我鞭策，首要的管理是自我管理。应该用的办法是提升员工的愿景，使他们把焦点放在更高的目标上。

⑤最能激励员工提高绩效的方法就是展现自己的管理才干和认真的工作态度，以身作则。

⑥只有清楚自己所负责的工作对学校和团队具有哪方面的意义，老师才能承担起学校要求他的绩效。

⑦老师的自豪感和成就感必须源自工作本身，无法衍生自工作以外的事物。

问题思考

1. 你认为哪一项非物质激励最切合现在老师们的需求？

2. 如何发现老师开展工作时遇到的障碍，并系统地帮助他们排除？

3. 非营利组织对志愿者的激励方法对你有什么启发？你打算如何将其应用到学校工作中？

附录　管理工具箱

工具 1：目标强制排序

管理者面前摆放着许多值得做的工作，但时间却非常有限。未来的机会很多，但能抓住机会的人却太少。而且，管理者还难免会遇到不少问题和危机，这就牵涉到哪些事情需要优先处理，哪些事情可以缓一缓再办的决策。使用本工具的目的在于梳理重要的事情在工作和生活中所处的位置，以实践“要事第一”的原则。（见表 1）

表 1　目标强制排序

步骤	任务	规则
1	以一定的时间段（如年度、季度）为单位确定要完成的重要事项 8—12 个	将每个重要事项分别写在一张卡片上，一共写 8—12 张
2	给重要事项排列顺序	最重要的放在第一位，最不重要的放在最后
3	依次确认每个重要事项的位置	（1）问问自己：如果在时间截止之前没有“2 号事项”，只完成“1 号事项”，我能接受吗？回答“是”，请前往“3 号事项”；回答“否”，请询问“什么是我希望调整的”，并立刻做出调整。 （2）如果完成了“1 号事项”和“2 号事项”，接着问自己：完成“1 号事项”和“2 号事项”，但没有“3 号事项”，我能接受吗？回答“是”，请前往“4 号事项”；回答“否”，请询问“什么是我希望调整的”，并立刻做出调整。 （3）以此类推，直到所有事项确认完毕。
4	检查遗漏的重要事项	运用逻辑和常理再次检查是否有遗漏的重要事项
5	移动重要事项或添加重要事项	查看依现在这样的顺序排列来实现目标，还有没有要修改和调整的地方
6	新顺序的固定	新顺序或经过调整的顺序确认后，请依据排列的顺序由低到高看一遍，进行反思和整合思考

工具2：SMART目标框架对话

SMART（S=Specific、M=Measurable、A=Attainable、R=Relevant、T=Time-bound）原则是为了让员工更加明确高效地工作而进行目标确认的工具，可以使绩效考核更加科学化、规范化，更能保证考核的公正、公开与公平。本工具将SMART原则转化为对话工具，目的在于帮助学校管理者在对话的过程中与教职员工梳理目标，并在对话结束后输出成果框架。（见表2）

表2　SMART目标框架对话

步骤	任务	提问示例
1	Specific（具体的）	你的目标具体是什么?
2	Measurable（可衡量的）	如果用1—10分来衡量这个目标，10分是你最满意的状态，1分是你最不满意的状态，你现在是几分，你想要几分? 如何知道目标达成了?如果目标实现了，你的感觉是什么?
3	Attainable（可达成的）	这个目标在你可以影响的范围之内吗?（"是"，则继续；"不是"，则问："你可以影响的是什么?"）
4	Relevant（相关性）	这个目标与学校的整体目标具有相关性吗?（"是"，则继续；"不是"，则问："那么这个目标需要做出怎样的调整?"）
5	Time-bound（有时限的）	这个目标在什么时间内完成?
总结	所以你希望在__________时间内，提升__________，达成__________分的状态，是吗?	

工具 3：决策七步法

卓有成效的管理者做的是有效的决策。他们的决策，是一套系统化的程序，有明确的要素和步骤。本工具来自《卓有成效的管理者》一书，目的在于帮助管理者建立决策框架，提高决策的有效性。（见表 3）

表 3　决策七步法

步骤	主题	提问示例
1	明确决策的主题	我们要做的决策是关于什么的?
2	判断决策的必要性	为什么要做这个决策? 不做这个决策会发生什么事情?
3	确定决策的分类	这个决策是属于经常发生的事情，还是属于特殊事件，偶尔出现?
4	确定决策的边界条件	决策最低限度应该达成什么目标? 应该满足哪些条件?
5	让别人接受你的决策	这个决策和哪些人相关? 你打算如何与他们交流此决策?
6	将决策转化为行动	在将决策转化为行动时，我们需要做什么?
		谁应该了解这项决策?
		应该采取什么行动?
		由谁来采取行动?
		这些行动应该如何进行，才能使执行的人遵循?
7	决策的反馈	如何在决策中建立一项信息反馈制度，可以经常对决策所预期的成果做实际印证?

工具 4：SWOT 分析法

SWOT 分析法是基于内外部竞争环境和竞争条件的态势分析表，它将与研究对象密切相关的主要内部优势和劣势、外部机会和威胁通过调查列举出来，依照矩阵形式排列，然后用系统分析的思想，把各种因素相互匹配起来加以分析，从中得出结论。SWOT 分析法的优点在于考虑问题全面，是一种系统思维，而且可以把对问题的"诊断"和"开处方"紧密结合在一起，条理清楚，便于检验。（见表 4）

表 4　SWOT 分析法

优势 S（Strengths）	劣势 W（Weaknesses）
组织机构的内部因素，例如，有利的竞争态势、充足的财政来源、良好的学校形象、社区的支持、合适的地理位置、高素质的教师队伍等	组织机构的内部因素，例如，教学设备老化、管理混乱、资金短缺、人员结构不合理等
机会 O（Opportunities）	**威胁 T（Threats）**
组织机构的外部因素，例如，政府对教育加大投入、外来人口增加、教育改革的契机等	组织机构的外部因素，例如，附近有新开办的学校、生源不足、突发事件等

工具 5：六顶思考帽

“六顶思考帽”让运用“平行思维”讨论成为可能，能避免将时间浪费在互相争执上。运用六顶思考帽将会使混乱的思维变得清晰，使团体中无意义的争论变成集思广益的创造，同时也是人际沟通的操作框架，更是提高团队智商的有效方法。（见表 5）

表 5　六顶思考帽

帽子类型	主题	提问示例
白色思考帽	代表事实与数据	我们有什么信息？我们需要得到什么信息？
红色思考帽	代表情绪、感觉，比如直觉和预感	现在你感觉这个怎么样？
黄色思考帽	代表乐观，包含希望与正面思想	为什么这个值得做？利益是什么？为什么可以做这件事？它为什么会起作用？
绿色思考帽	代表创意与创造性的想法	有什么不同的想法？新的想法、建议和假设是什么？可能的解决办法和行动的过程是什么？选择是什么？
黑色思考帽	考虑事物的负面因素，它是对事物负面因素的注意、判断和评估	这是真的吗？它会起作用吗？缺点是什么？它有什么问题？为什么不能做？
蓝色思考帽	代表思维过程的控制与组织，它可以控制其他思考帽的使用	我们走了多远？下一步采取什么行动？
注意事项	1. 思考帽可以在思维的任何时候单一地使用，也可以将几顶帽子以一定的排列顺序合并起来使用，或者在思考前，按六顶思考帽的完整使用顺序建立一个思维框架。2. 蓝色思考帽的使用不受其他帽子的限制，任何思维步骤都可以由它来提出。	
使用流程	1. 戴帽子：可以请同事戴上特定颜色的帽子，或者请一个小组在几分钟之内一同使用某顶思考帽。 2. 摘帽子：可以请一个人或整个小组摘掉某种特定颜色的帽子，让人们从某种固化思维中脱离出来。 3. 换帽子：可以通过建议一位小组成员摘掉一顶帽子，戴上另一顶帽子来完成思维的瞬间转换，同时也不会冒犯这个成员。	

工具 6：给校长的一封信

本工具援引自《管理的实践》。即使最好的上司，他们未经思考及随意的陈述，都很容易给下属带来困惑及误导。本工具旨在帮助校长与老师加强沟通，显示学校必须彻底思考的目标、必须建立的优先次序以及必须改变的行为。建议学校让老师定期给校长写信，以此建立共识。（见表 6）

表 6　给校长的一封信

步骤	主题	记录
1	依我所见，新学期我们学校的目标是什么?	
2	依我所见，我认为新学期我的目标是什么?	
3	我认为目前适合自己的衡量标准是什么?	
4	我打算具体如何实现新学期的目标?	
5	学校做的哪些事情对我有帮助?	
6	学校做的哪些事情会妨碍我?	
校长反馈		

工具 7：德鲁克经典五问

德鲁克经典五问是所有组织都必须认真思考和面对的核心问题。它适用于任何组织，是战略规划的蓝图，是历久弥新的管理智慧。此工具旨在帮助校长以简洁的策略认识自己的行为和动机，并为学校的战略规划奠定基础。（见表 7）

表 7　德鲁克经典五问

步骤	主题	提问举例
1	我们的使命是什么?	1. 你如何看待当前学校的使命? 它是否需要调整? 2. 我们学校是为了什么而存在? 3. 我们学校正在面临的挑战是什么? 4. 你希望我们学校以什么样的方式被人们记住?
2	我们的服务对象是谁?	列出所有需要学校提供服务的人，包括学生、家长、志愿者、会员、合作伙伴、捐资人等，你能够为这些人提供什么样的价值?
3	我们的服务对象重视什么?	1. 你的组织能够满足主要服务对象哪些具体的需要? 你能够提供哪些你的主要服务对象从其他学校那里得不到的东西? 2. 你的次要服务对象重视什么? 他们跟你的主要服务对象有什么关系? 你是否了解他们的期待是什么?
4	我们追求的成果是什么?	1. 学校在多大程度上实现了自己想要的结果? 2. 学校举行的哪些活动或项目有助于实现这些成果? 你会通过怎样的方式来衡量这些成果? 3. 学校是否善加利用自己的资源，包括人力资源、财务资源、品牌资源等?
5	我们的计划是什么?	1. 要想达到预期的结果，学校需要实现怎样的目标? 制定哪些可以衡量的阶段性任务? 2. 为了完成这些阶段性任务，学校制订了哪些可以衡量的行动计划? 学校需要怎样的预算? 3. 实现这些目标的截止日期是哪一天? 由谁来负责实现这些目标，谁来负责具体的执行步骤? 学校如何评估和衡量自己是否达到了想要的结果?

工具 8：自我管理清单

知识型社会已经演变成具有高度竞争性的社会，知识将在全世界通行无阻，人们再也不能以得不到必要的知识为表现差劲的借口。德鲁克经常说："在知识的丛林中，供工作者攀爬的阶梯已经不见了，工作者必须携带自己的开山刀。"本清单旨在帮助你梳理自己的职业生涯，对工作的有效性负全部责任。（见表 8）

表 8　自我管理清单

愿景和价值观	
我的个人发展愿景是什么？	我的核心价值观是什么？
因此，我确定自己未来 6 个月的个人发展目标是什么？	
长处与风格	
我的核心竞争力是什么？	我的工作风格与他人有什么不同？
因此，我需要学习和掌握哪些新知识以不断增加自己的优势？	
行动计划	
为激励自己达到更好的生活状态，我愿意在以下方面做出调整并付诸行动。	
跟踪记录 （记下每周你的变化，包括取得的进展和可改进的空间）	
1.	
2.	
3.	
4.	
5.	
反思总结	

工具9：排除工作障碍清单

有一项时间浪费的因素是管理者可以控制并且可以消除的，就是管理者在浪费别人的时间。这种现象并不明显，但有一个简单方法可以诊断出来——去问问你的下属："请你想想看，我常做哪些浪费你的时间而又不产生效果的事情？"问这样的问题，而且问到对方敢说真心话，才是有效管理者的特点。（见表9）

表9　排除工作障碍清单

避免打击士气	
在我的管理工作中，我首先提醒自己应避免以下可能会打击士气的行为：	
梳理工作障碍（以某一位下属为实践对象）	
通过沟通，我了解到他的目标和期望是：	通过沟通，我表达的组织目标和期望是：
因此，我们彼此确认，我分配给他的具体工作与员工的发展目标之间存在的联系是：	
通过沟通，我了解到他的工作障碍是：	通过思考，我理解我可以提供的支持是：
因此，我们彼此确认，我可以做些什么以使他在工作中发挥得更好：	
排除工作障碍	
综上所述，为激励员工达到更好的工作状态，我愿意在以下方面做出调整并付诸行动：	
跟踪记录 （记下每一天你取得的进展，比如员工的情绪、行为的改变、工作的成果等）	
1.	
2.	
3.	
4.	
5.	
反思总结	

工具 10：世界咖啡论坛

世界咖啡论坛是一种创造集体智慧的会谈方法，适合探讨深层次、毫无头绪的复杂问题，并在短时间内达成共识，找到解决方案。它不是辩论或决定对错，而是建立在互相尊重、聆听不同观点和发现新可能基础上的思想爆发过程。世界咖啡论坛采用全新的角度把对话当作一个核心流程，让团体和组合可以通过对话去改变周围的环境，催生有助于理清思路的必要知识。（见表 10）

表 10　世界咖啡论坛

步骤	主题	内容要求
1	前期准备	1. 理清目的，为对话范围定好界限。 2. 营造出温馨、放松的环境空间，建立友好互信的气氛。 3. 团体人数至少超过 12 人，研讨规模可以从几十人到上千人不等，多元化背景的与会者更能催生更多见地与心得发现。 4. 至少有 90 分钟以上的时间可以进行轮番讨论。
2	问题探索	要架构出可唤起我们内在智慧的策略性问题，问题要简单明了，能引起大家讨论的兴趣、集中探寻的焦点、开启未来新的种种可能。 下面是探索性的主题范例： 假如你是校长，你提出改变的第一件事是什么？为什么？ 你认为学校的办学理念是否过时了？你有什么建议或意见？ 目前你看到的学校最大的机会是什么？ 你认为学校最需要改善哪一项工作流程，以提高你的工作效率？
3	角色定位	每桌组长： 1. 介绍讨论主题，带领讨论及介绍上一回合（由第二轮开始）讨论的成果，并引发下一回合深入的讨论。 2. 尽量让每个人都发言，请参与者共同聆听，并确认记录员，请其在大白纸上简要记录重点，待下一轮时开放补充或深化讨论。 3. 与组员不同，组长与讨论主题保持在原桌不流动。 4. 促进小组完成所有讨论和整理重点，防止有人离题或争辩。
		每桌组员： 1. 要相信这是个开放空间，勇敢分享意见，贡献自己的想法。 2. 能欣赏、聆听及观察他人的想法。 3. 放下批评，学习反思，在别人思想的基础上开创更多的联想空间。 4. 每一回合讨论完毕，便与同桌组员一同移往下桌讨论下一议题。

（续表）

步骤	主题	内容要求
4	第一轮汇报流程	各桌人数 4—8 人，桌上放一张大白纸、彩色笔供组员自由选用；各桌先确认对话规则（咖啡馆的对话礼仪），决定由谁担任组长；组长宣布讨论主题并将其写在纸的正中央；组员稍作静默独立思考，然后轮流发言分享个人想法；由志愿的记录员将印象深刻的关键词写在大白纸上，书写的方式很自由，可以轻松使用彩色画笔或画图；组长尽量让大家平均发言，时间到（20—30 分钟，视主题性质和组员人数），所有组员顺时针换桌，组长及讨论主题不动。
5	第二轮汇报流程	组长欢迎从别组移动来的新组员，先介绍本组主题并分享前轮成果，安排新记录员；新组员在原有讨论成果基础上提供新补充或想法，时间到，所有组员便顺时针继续换桌；组长及讨论主题不动，组员这样一直重复换组讨论不同主题，直至回到原始小组。
6	回到原始小组	经过若干回合，组员各自回到原来开始的小组，讨论正式结束，各组组长轮流与所有成员分享各专题汇聚的成果；可以将各桌的大白纸收集起来，张贴在墙上；所有人一起检视并讨论异同点与发现，收获对话的成果；在此阶段不必急忙做出结论，只要一边回顾对话，一起分享想法就足够；最后由专人收集所有讨论成果作为日后决策和行动的参考依据。
场地要求	世界咖啡论坛的环境可以布置得像咖啡馆一样，按总人数安排 4—6 桌，每桌相隔一定空间以免讨论声相互干扰。每桌可坐 4—8 人，桌上放一些彩笔、一叠 A4 白纸、一张组长专用的大白纸，放着轻音乐。每桌人数均等，每桌有一位组长和一个讨论专题，除了组长和专题不变动外，每组组员在讨论 20—30 分钟后按顺时针转到下一组，在下一组组长带领下，在上一组讨论成果的基础上，往更深更广的方向讨论该组的专题，不断叠加想法，直到每组回到原来的桌子上时停止。经过几个回合的对话后，各组组长总结、报告所有会议记录，呈现集体参与的智慧结晶，并思考下一步的行动。	

工具 11：创新七扇窗

本工具源自《创新与企业家精神》中的“创新的七个来源”。要进行系统化的创新，学校就需要每隔 6 —12 个月打开天窗，看一看外面的世界。德鲁克将“机会的窗口”分类归纳为七项，指出这七扇天窗是任何一个组织都可以使用的、可靠的创新来源。值得注意的是，这七个创新机遇来源的界限相当模糊，彼此有相当大的重叠。但它们如同位于同一建筑物不同方向的七扇窗口，你可以把这一建筑物想象成学校的办公大楼 —— 从每一扇窗口所看到的某些景致，也可以从临近窗口看到。但从每一扇窗口的中心看到的景色却往往不同。如果你不停地打开每一扇窗，最终就可以看到整个世界。（见表 11）

表 11　创新七扇窗

<table>
<tr><td>1. 意外事件
例如，学校里是否存在意外的成功或者意外的失败？对我们来说，这些是创新的机会吗？</td><td>2. 不协调事件
例如，学校的现实与我们对环境的假设是否存在某种不协调？如何才能利用这种不协调并将它转化为创新的机遇？</td><td>3. 程序创新
例如，现有教学流程中的薄弱或缺失的环节是什么？更好的解决方法是什么？我们有解决此问题可以利用的知识和技术吗？</td></tr>
<tr><td rowspan="2">7. 认知的变化
例如，家长对教育的认知是否正在发生变化？这个变化是什么？这个变化是什么时候开始出现的？为什么会出现这样的变化？这样的变化对我们来说意味着什么？如果意味着一个机会的话，这个机会是什么呢？</td><td>创新七扇窗</td><td>4. 产业结构的变化
例如，教育行业正在发生的变化和趋势是什么？对我们来说，这是创新的机会吗？</td></tr>
<tr><td>6. 新知识
例如，世界教育领域最前沿的新知识是什么？我们可以通过怎样的渠道获取这些知识？</td><td>5. 人口结构的变化
例如，最近三年，我校的生源情况发生了怎样的变化？这些变化背后的人口趋势是什么？对我们来说，这是创新的机会吗？</td></tr>
</table>

工具 12：八大目标体系

本工具参考德鲁克的“企业目标八大领域”设计而成。既然企业的首要任务是“创造顾客”，那么自然需要设定营销目标。企业必须创新，否则就将被竞争对手淘汰，因此它需要设定创新目标。所有企业都仰赖经济学家所说的三种生产要素：人力资源、资本资源、实体资源。因此，企业必须在这些资源的供给、使用及发展方面设定目标。资源必须做有生产力的利用。为了企业的生存，这些资源的生产力必须不断提高，因此，企业必须设定生产力的目标。企业存在于社会及社区中，肩负社会责任，所以它也必须设定社会责任目标。学校与企业都是社会组织，同样需要在发展的所有关键领域都设定目标，它们是引导学校发展方向的仪表盘。（见表 12）

表 12　八大目标体系

1. 营销目标 例如，我们希望社区如何认知我们学校的品牌？有我们学校和没有我们学校，社区会有什么不同？学校主要生源的家庭有什么特点？	2. 创新目标 例如，在教育教学的所有环节中，学校可能的创新突破口是什么？在哪些领域我们可以做到与众不同？	3. 人力资源目标 例如，在师资队伍建设上，我们希望达到的最优组合是怎样的？我们希望吸纳哪种类型的老师加入？在培训老师方面，我们希望达到的成果是什么？
8. 利益相关方目标 例如，学校在处理与家长、社区、教育局、舆情的关系方面的目标是什么？	八大目标体系	4. 财务资源目标 例如，我校的财务资源情况如何？在财务资源的获取和使用上，我们的目标是什么？
7. 社会责任目标 例如，我校学生的培养目标是什么？我校为社区带来的积极变化是什么？我校的老师拥有怎样的生活是我们努力的方向？	6. 生产力目标 例如，如何评价学校管理工作的有效性？如何评估教师的投入产出比？学校需要怎样的改变以提高教师工作的生产力？	5. 实体资源目标 例如，学校的基础设施使用情况如何？哪些需要改善？哪些需要再投资？哪些需要增加养护的力度？

致　谢

20 年来，我们一直致力于德鲁克管理思想在中国的研究、传播与实践。

感谢北京师范大学中国教育创新研究院刘坚院长创造契机，让我们将德鲁克管理思想的精髓与教育理念融合，为中国教育改革和校长领导力建设贡献力量。

感谢刘坚院长和北京第一实验学校校长李希贵为本书分别撰写了推荐序。

感谢马云公益基金会秘书长、马云乡村校长计划发起人于秀红女士。马云公益基金会致力于培养乡村教育家，致力于为中国乡村教育环境的改善而努力。于秀红女士曾与我们在北京光华慈善基金会共事，在薪火相传的教育事业上再次相遇令人欣喜。

感谢校长邦创始人汪义庭先生。校长邦始终致力于帮助校长翻越“组织管理”“教育科技”“教学创新”三座大山。这让我们看到了中国教育多元化的可能。

感谢接受我们访谈的 9 位校长。他们是王世民校长、何欢校长、华中伟校长、杨安平校长、焦憬校长、黄延颖校长、高建民校长、汪春雷校长和黄建刚校长。他们的事迹有的作为案例被本书所引用。

最后，感谢源创图书对我们的信任；感谢责任编辑张万珠先生的专业、尽责。

图书在版编目（CIP）数据

当校长遇见德鲁克：冰山下的领导力 /（美）杜绍基，彭信之著. --北京：中国人民大学出版社，2021.6

ISBN 978-7-300-29419-3

著作权合同登记号 图字:01-2021-1686号

Ⅰ.①当… Ⅱ.①杜… Ⅲ.①学校管理 Ⅳ.①G47

中国版本图书馆CIP数据核字（2021）第106204号

当校长遇见德鲁克：冰山下的领导力

〔美〕杜绍基 彭信之 著

Dang Xiaozhang Yujian Deluke：Bingshan Xia de Lingdaoli

出版发行	中国人民大学出版社		
社　　址	北京中关村大街31号	**邮政编码**	100080
电　　话	010－62511242（总编室）		010－62511770（质管部）
	010－82501766（自营网店）		010－62514148（明德书店）
	010－62511173（销售部）		010－62515275（盗版举报）
网　　址	http://www.crup.com.cn		
经　　销	新华书店		
印　　刷	北京华宇信诺印刷有限公司		
开　　本	168 mm × 239 mm　16开本	**版　　次**	2021年6月第1版
印　　张	13.75　插页1	**印　　次**	2025年11月第10次印刷
字　　数	180 000	**定　　价**	68.00元